La caja de galletas

Martina Tuts
Fina García Naranjo

Colección dirigida por Concha Moreno García

NIVEL AVANZADO

SOCIEDAD GENERAL ESPAÑOLA DE LIBRERÍA, S. A.

Produce: SGEL-Educación
Avda. Valdelaparra, 29
28108 Alcobendas (Madrid)

ISBN: 84-7143-969-7
Depósito Legal: M. 1.736-2003
Printed in Spain - Impreso en España

Coordinación editorial: Julia Roncero
Cubierta: Preyfot
Fotocomposición e impresión: Nueva Imprenta, S. A.
Encuadernación: F. Méndez

Índice

Introducción

Esta colección de lecturas está pensada para estudiantes extranjeros. Su objetivo principal es **entretener**, hacer que el alumno **disfrute** con la lectura y animarle a buscar otras lecturas para seguir aprendiendo. Los autores quieren que los alumnos pasen un buen rato leyendo, que amplíen sus conocimientos culturales y lingüísticos y que, si lo desean, debatan en clase los temas propuestos.

Una de las características de esta colección es que las novelas que la integran no son textos adaptados, sino creados específicamente para el nivel al que corresponden. Todas están concebidas para que el docente trabaje cada novela a fondo, no como relleno o para pasar el tiempo. Ofrecen una amplia variedad de actividades y ejercicios que pueden desarrollarse en casa y en el aula. En efecto, después de cada novela hay una sección con la explotación de los textos, que ha sido pensada para desarrollar la comprensión lectora, para mejorar y profundizar en la gramática y el vocabulario, y para practicar la expresión oral y escrita.

Por otra parte, si los estudiantes desean simplemente leer y comentar sus propias impresiones, pueden hacerlo sirviéndose de las preguntas de comprensión lectora.

Al final de cada novela se ofrecen soluciones a las preguntas planteadas en las explotaciones. Se deja libertad de realización a las actividades de interacción o de expresión escrita. Dado que hay un solucionario final, son lecturas que pueden ser usadas de forma autodidacta.

En todas las novelas, el lector encontrará notas a pie de página con explicaciones culturales o aclaraciones de frases hechas. Algunas palabras van marcadas con un asterisco que remite a un vocabulario final, traducido a tres idiomas. La trama de las novelas es variada pero, en todas ellas, la intriga y el humor son ingredientes básicos.

La colección de lecturas *LEE Y DISFRUTA* es un complemento necesario para las clases de español como lengua extranjera, no sólo por su contenido lingüístico, sino, además, por su contenido cultural.

EL EDITOR

La caja
de galletas

PRIMERA PARTE

El día en que desapareció el perro, empezó a llover. Llevábamos ya varios meses de sequía* y la cosecha* se anunciaba escasa. Mi hermana se encontraba en los últimos meses de embarazo y el nacimiento de la criatura* se preveía* para San Juan [1]. El pueblo acababa de estrenar campana nueva —los oficios de los domingos [2] volverían a sonar más alegres— y el nuevo cura estaba por llegar.

El padre [3] había desaparecido allá por los setenta, cuando Franco [4] ya estaba en las últimas*, y se fue de fiesta para celebrarlo y nunca encontró el camino de vuelta a casa y madre lloró, aunque nunca supe si de alegría por su libertad recobrada*.

El caso es que, cuando unos años después la llamaron para reconocer un cuerpo encontrado entre la maleza* en la Sierra de Gata [5], recé para que se tratara de él —que en paz descanse [6]— y pudiéramos cobrar la pensión de viudedad* que le correspondía a mi madre, después de diez años de fregar escaleras, que se dice pronto [7], con el reúma* a cuestas [8]. Yo a él apenas lo conocí: unos gritos por la noche, el olor a tabaco negro y frío en la garganta y numerosas botellas en el suelo, de madrugada; y una vez, un sábado por la mañana, cuando vino a comer a casa y me trajo a «Curro»: dos ojos enormes entre la lana de su pelo color de miel.

—Para que te sirva de ojos, cuando los tuyos no puedan ver —dijo.

—Gracias, padre —contesté yo sin mirarlo.

—No me des las gracias, muchacho, y acuérdate de lo que te digo.

—Una boca más que alimentar —rugió mi madre desde la cocina—, ¿con qué crees que le vamos a dar de comer a este chucho*?

---

[1] San Juan: 24 de junio. Fiesta de la religión católica que coincide con el solsticio de verano (noche más corta y día más largo del año). Se encienden hogueras y se queman cosas viejas o muñecos.

[2] Oficios de los domingos: misas y otros actos de la religión católica.

[3] El padre: antes las relaciones entre padres e hijos eran más distantes. Se les hablaba de usted y se les llamaba *padre* o *madre*. Hoy en día, lo más habitual es el tuteo y referirse a ellos como *papá* o *mamá*.

[4] Franco: Francisco Franco Bahamonde. Se autoproclamó Jefe del Estado español tras la Guerra Civil (1936-1939). Su dictadura duró treinta y seis años: desde 1939 hasta 1975.

[5] Sierra de Gata: barrera natural entre las comunidades de Castilla-León y Extremadura. Sus montañas llegan a alcanzar los 2.500 metros.

[6] *Que en paz descanse*: expresión que se usa cuando se habla de alguien que ha muerto.

[7] *Que se dice pronto*: expresión coloquial que se usa para dar más énfasis a algo que al hablante ya le parece exagerado. Ej.: *Llevo trabajando doce años, que se dice pronto (... pero en realidad es mucho).*

[8] *Llevar algo a cuestas:* expresión coloquial que se usa para referirse a un peso real que hay que transportar, normalmente en la espalda, o figurado: una enfermedad, un problema familiar, etc., con el que hay que vivir.

Pero yo sabía que siempre encontraríamos algo que compartir y que empezaría otra vez una de esas eternas discusiones entre ellos, en las que él siempre acababa por irse al bar y mi madre apagaba las luces y se metía en la cama, donde la oía maldecir y llorar hasta bien avanzada la noche. Así que, cuando cogimos el tren hasta Madrid y de allí hasta Salamanca[9] y nos tiramos un día entero* de viaje hasta llegar a la pensión, íbamos los dos con el corazón en un puño[10], pero llenos de una esperanza morbosa*.

La dueña de la pensión *El Candil*, una mujer entrada en años y en carnes*, nos recibió con un tazón de leche caliente que sabía a vaca y que me tragué de una vez. Nos llevó a la habitación del primero.

—Sencilla y limpia, y la vista que tiene, oiga[11].

Yo me asomé a la ventana que daba al monte y mi madre se sentó en la cama mirando la maleta de cartón que se había llevado mi hermana de luna de miel, cuando le tocó un viaje a Torremolinos, el día que imitó a Marifé de Triana[12] en el concurso de la radio que se había celebrado en el Hogar de Jubilados[13] del pueblo.

—Bueno, pues los dejo para que se instalen. Si quieren cenar, hoy he hecho una sopa de ajos[14] bien buena, que les calentará el corazón después de tanto viaje. Y no dejen de tomar un vasito de tinto, que lo hacemos en casa y se sube que no veas[15], incluso levantaría a un muerto[16] —dijo sin darse cuenta de que lo que menos nos apetecía en ese momento era que este vino de la señora Pilar levantara a un muerto.

—Muchas gracias, es usted muy amable —contestó mi madre.

En la maleta había puesto un vestido negro, su mantilla de los domingos[17], un par de zapatos y medias negras, mi traje de comunión azul

---

[9] Salamanca: capital de la provincia del mismo nombre. Pertenece a la Comunidad de Castilla-León. Está situada en el centro-oeste de España y tiene frontera con Portugal. En el siglo XIII se creó su Universidad. Su riqueza cultural es internacionalmente conocida.

[10] *Ir o estar con el corazón en un puño:* expresa preocupación o miedo muy grandes.

[11] *Oiga:* imperativo que se usa para llamar la atención o, como en este caso, para resaltar lo dicho anteriormente.

[12] Marifé de Triana: famosa e imitada cantante de copla, canción popular que tuvo su auge en la primera mitad del siglo. Cuenta una historia, casi siempre trágica, de amor o desamor. En los concursos de la radio se imitaba a cantantes famosos.

[13] Hogar de los jubilados: local público al que pueden acudir las personas que ya no trabajan para encontrarse con sus amigos, jugar a las cartas, charlar, bailar, etc.

[14] Sopa de ajos: se hace con agua, ajos, laurel, pimentón dulce, comino molido, trozos de jamón y aceite de oliva.

[15] *Que no veas:* expresión que resalta lo que se acaba de decir. Ej.: *Tengo un hambre que no veas* (muchísima hambre).

[16] *Levantar a un muerto:* expresión que resalta la calidad de una comida o bebida «capaces de resucitar a un muerto».

[17] La mantilla de los domingos: prenda de encaje con la que las mujeres se cubrían la cabeza en actos

marino [18] y una corbata con su camisa a juego*, para la ceremonia de mañana en los Juzgados. Cuando habló con mi hermana de «traernos al padre», yo no había entendido muy bien cómo nos lo llevaríamos en el tren de vuelta, con lo que abulta* un cadáver, pero mi hermana me explicó que en estos casos los muertos viajan en coche de lujo con una comitiva* o si vienen del extranjero, los meten en un avión, aunque no se hubieran subido a ninguno mientras vivieron y a mí me pareció muy ridículo que uno no haya tenido nunca bastante dinero como para viajar en avión y no se entere de* cómo es cuando por fin lo consigue.

En fin, que cuando bajamos al comedor de la señora Pilar y nos tragamos la sopa de ajos y la copita de vino, «el niño también, que le vendrá bien y es bueno para la sangre» [19], la vida se me antojaba* muchísimo más alegre y el porvenir diferente a lo que habíamos conocido hasta entonces.

Mi madre cayó rendida* y durmió de un tirón*. Yo me pasé buena parte de la noche envuelto en la manta marrón, con la nariz aplastada contra el cristal, adivinando detrás de la cortina de pinos las sombras* misteriosas de los montes. Ahí habían encontrado a mi padre, o eso creían, y yo me preguntaba qué misteriosa razón lo habría llevado a dejar su Andalucía para acabar tirado en un monte del norte. Cuando el primer gallo anunció el amanecer, me metí en la cama con los pies helados encima de los de mi madre, que gruñó* y me abrazó contra su cuerpo y dormí un par de horas, feliz y seguro.

A las nueve nos fuimos a la Guardia Civil [20] y nos llevaron al Juzgado de Salamanca. Tardamos más de dos horas. Hacía frío, y la furgoneta traqueteaba* por los caminos sin asfaltar*.

Recuerdo la llegada a esa ciudad como algo mágico. ¡Cuántas iglesias, cuánta piedra, cuánta luz! Mientras la furgoneta subía por la Gran Vía, me llamaron la atención unos carteles con la foto de un señor con una nariz muy grande y una mirada muy seria y unas letras debajo, que yo nunca había visto hasta entonces. El hombre se llamaba Adolfo Suárez [21] y las letras grandes que aparecían debajo de su nombre eran UCD. Pensé pre-

---

[18] religiosos importantes, misas solemnes, bodas o, en algunos casos, para ir a los toros. Tanto en otros tiempos como hoy, ha sido símbolo de elegancia y de nivel social elevado.

[18] Traje de comunión: conjunto de prendas de vestir que niños y niñas usan el día en que hacen la Primera Comunión, acto religioso católico en que se recibe el Cuerpo de Cristo en forma de oblea consagrada (hostia). Se suele hacer a los ocho años.

[19] Existía la creencia popular de que el vino ayudaba a mejorar la calidad de la sangre. Por eso se permitía a los niños beber vino: era bueno para la salud y abría el apetito.

[20] Guardia Civil: cuerpo militar que se ocupa de los delitos cometidos fuera de las ciudades, es decir, en los pueblos pequeños, en el campo y el mar.

[21] Adolfo Suárez: fundó el partido de la Unión de Centro Democrático (UCD). Fue un político muy importante en la transición española. Impulsó la creación de una ley que permitiera la existencia de todos los partidos políticos, prohibidos desde la II República. Tras las primeras elecciones democráticas, empezó su mandato el 5 de abril de 1979.

guntarle a mi madre quién era y qué querían decir esas letras, pero la furgoneta ya se había parado y nos ayudaban a bajar.

Sobre lo que pasó en el Juzgado no puedo hablar porque una señora muy amable me agarró de la mano, me dio un chupa-chups [22], un lápiz y una hoja de papel y me dijo:

—Ven por aquí, hermoso, mientras tu mamá acompaña a esos señores tú me vas a hacer un dibujo de tu pueblo.

Me entró un pánico repentino, pensando qué podría yo dibujarle a esta señora tan amable que le pareciera bonito y, de repente, mi pueblo, mi mundo me pareció triste, común y pobre. Le dibujé la iglesia, nuestra casa, «Curro» y las gallinas, mi hermana en estado* y una campana enorme al lado del señor cura que le echaba encima todo el cubo de agua que habíamos sacado del pozo, y que se había convertido en agua bendita después de decir él unas palabras mágicas [23]. Yo, escondido detrás de la campana, intentaba recoger alguna gota de esa agua, impaciente por descubrir el sabor de aquella bendición. Cuando mi madre volvió, tenía los ojos brillantes pero secos y el gesto de su boca expresaba una amargura* que la acompañaría hasta muchos años después: era él.

La funeraria *La Dolorosa* [24], estratégicamente situada a la derecha de los Juzgados, bajo los soportales*, nos recibió en un salón que se parecía al del Ayuntamiento de nuestro pueblo y mi madre se sentó en una silla forrada* de terciopelo granate*, como las de las iglesias.

Unos días después nos despedimos de la Plaza Mayor [25], la más bonita de España, de las catedrales y de la Casa de las Conchas [26], sin que yo hubiera podido entender cómo habían llegado tantas conchas a esta fachada, estando Salamanca a cientos de kilómetros del mar.

El viaje de regreso se nos hizo corto. Mi madre había comprado una tortilla de patatas y unos pimientos verdes fritos en el bar *Candelaria* y una hogaza* de pan en la panadería. La señora Pilar le había regalado una bota de vino y unos chorizos [27], ya que habían hecho buenas migas* y mi madre

---

[22] Chupa-chups: en 1959 un industrial español tuvo la idea de añadir un palito a los caramelos por donde poder agarrarlos. Así nació el chupa-chups.

[23] El niño se refiere a la bendición, acto religioso católico que consiste en rezar unas oraciones y echar agua bendita sobre algo o alguien para pedir la protección de Dios.

[24] *La Dolorosa*: nombre de una funeraria, empresa que se encarga de lo relacionado con la muerte de alguien: la caja, el coche fúnebre, etc.

[25] Plaza Mayor: construida entre 1727 y 1755 en estilo churrigueresco (barroco). Fue mercado y plaza de toros. Hoy en día es el lugar de encuentro de los ciudadanos y visitantes de la ciudad de Salamanca.

[26] Casa de las Conchas: edificio civil muy representativo del siglo XV en el que se mezclan los estilos gótico, morisco e italiano. Lo más llamativo es su decoración: 350 conchas de peregrino.

[27] Vino y chorizos: productos típicos de la zona. El chorizo salmantino es uno de los más ricos del país. La bota es un recipiente hecho de piel para transportar el vino y beberlo sin necesidad de vasos.

la había invitado a pasar el verano con nosotros en el pueblo. A nuestra llegada, nos esperaba mi hermana en la estación y Aquilino, el vecino, nos llevó a casa en su camión. El padre llegaría en unos días, por carretera. Recuerdo el velatorio* con cierta indiferencia; la misa, con aburrimiento. Al cementerio, ni fui.

Los meses que siguieron fueron sin duda los más alegres de mi infancia: Pedro, el carnicero, se había rodeado de amigos y hablaban durante horas en el bar de la plaza de la reforma política y de la «voluntad mayoritaria del pueblo» [28]. Yo no entendía nada, pero me empezaba a caer bien el señor de la nariz grande que se llamaba Adolfo, como mi primo de Granada, y al que todos auguraban* un triunfo rotundo. Empezaban a surgir palabras que nunca antes había escuchado, como «democracia», «elecciones», «constitución», y se mencionaba cada vez más al Rey [29], ese señor que se había casado con una princesa griega, y que ahora «iba a dirigir el país en consenso* con todos los españoles», puesto que Franco ya se había marchado.

Los muros de las casas del pueblo amanecieron un día llenos de fotos de gente nueva. Todos llevaban debajo unas letras como las que yo había visto en Salamanca y otras: UCD, PSOE, AP, PCE... [30], y los vecinos discutían todos los días sobre las mejoras que habría que realizar en el pueblo. Me acuerdo de que me gané veinte duros [31] por ayudar a Fernando a pegar carteles [32] y, unos meses después, otros cuarenta por ayudar a Miguel a quitarlos. Me sentía un hombre rico. Era verdad: España iba a cambiar.

El sábado santo [33] fue mi cumpleaños: cumplí doce años. Cuando salí de mi casa para ir a la plaza del pueblo, me encontré con todos los vecinos por la calle, abrazándose y descorchando* botellas. Todos reían. Bueno, todos, todos, no. El alcalde, don Herminio, no estaba. Las malas lenguas decían que la noticia le había sentado como un tiro*. «¿Qué noticia?»,

---

[28] El 18 de noviembre de 1976: día en que se aprobó la Ley para la Reforma Política que devolvía el poder al pueblo español.

[29] Juan Carlos I: Rey de España desde el 22 de noviembre de 1975. Es hijo de don Juan de Borbón, que vivió en el exilio y nunca fue rey. Su abuelo, Alfonso XIII, abandonó el país en abril de 1931 al proclamarse la II República. Juan Carlos I es el Jefe del Estado de una monarquía parlamentaria con el apoyo y participación del pueblo.

[30] PSOE: Partido Socialista Obrero Español; AP: Alianza Popular; PCE: Partido Comunista de España. Después de la Guerra Civil se prohibieron todos los partidos políticos, con la excepción del Movimiento Nacional (antes Falange Española), de corte fascista.

[31] Veinte duros: coloquialmente se llamaba así a cien pesetas, moneda española que queda fuera del mercado a partir del 2003, sustituida por el euro (moneda de la Unión Europea).

[32] Referencia a la propaganda política que hacen los distintos partidos políticos durante la campaña electoral previa a unas elecciones.

[33] Sábado Santo: día de la Semana Santa, en la que tienen lugar actos y procesiones para conmemorar la pasión, muerte y resurrección de Jesucristo.

me pregunté. En cualquier caso, yo me alegré mucho de ver a toda esta gente tan feliz por mi cumpleaños y les regalé a todos mi mejor sonrisa.

—Toma, Marcelino, brinda con nosotros, que hoy es un gran día —dijo el cabrero*, de pie, a la puerta del bar.

—Sí, Marro, hoy cumplo doce años —contesté yo, todo serio.

—Muy bien, chiquillo, pues recordarás toda tu vida este día, porque hoy vuelve Santiago a estar entre todos nosotros.

—¿Santiago? ¿El hijo de la señora Paca?

—No, muchacho, Santiago Carrillo [34], un tío con un par de...

—¡Marro!, no hables así delante del chaval —gritó Rosario desde la cocina.

—¿Y quién es ese Santiago? —pregunté yo, algo mustio* porque la alegría del pueblo no fuera por mi cumpleaños, sino en honor de un señor al que nunca había oído mencionar* antes.

—Pues verás: Santiago Carrillo es...

En el fondo, me importaba bien poco quién era ese señor. Debía de ser alguien muy importante para que todos estuvieran tan contentos. Incluso Ramón brindaba con Jacinto, y eso que llevaban más de dos años sin saludarse porque Ramón decía que Jacinto había llevado sus cabras hacia su huerta* y le habían comido todos los brotes de repollo*.

Fue la Semana Santa más alegre del pueblo. Pasaron dos meses y llegó el gran día de las elecciones democráticas [35]. Todos se sabían esa palabra algo difícil que les iba a permitir decidir por sí mismos el futuro de nuestro país: «estaríamos todos unidos», decía la radio; se olvidarían los viejos rencores*; se había acabado por fin la España de los dos bandos [36].

Mi hermana no fue a votar. Libertad nació el quince de junio [37] a las diez y diez, pero no lo hizo sola: la acompañaba su hermanita, a la que le pusieron Dolores, en honor de la Pasionaria [38].

---

[34] Santiago Carrillo: secretario general del Partido Comunista de España que vivió en el exilio durante el régimen franquista. Su partido tuvo que esperar a 1977 para ser legalizado.

[35] Las elecciones democráticas a las que se hace referencia son las primeras después de la dictadura y se celebraron el 15 de junio de 1977. Votaron dieciocho millones de españoles (el 77,1% del censo) que dieron el triunfo a la UCD (*vid.* nota 21) con el 34,7% de los votos.

[36] La España de los dos bandos: referencia a las dos Españas: la nacionalista (derecha) y la republicana (izquierda), que se enfrentaron en la Guerra Civil (1936-1939).

[37] *Vid.* nota 35.

[38] La Pasionaria: apodo de Dolores Ibárruri, famosa activista del Partido Comunista durante la II República y la Guerra Civil. Volvió a España con la democracia y fue diputada por su partido.

SEGUNDA PARTE

—Sí, pásamelo, por favor. ¿Miguel? ¡Hombre, Miguel! ¡Cuánto tiempo! Es increíble... ¿Dónde estás?... ¿Cómo? Pero tenemos que vernos... Sí, cuando quieras, llámame... Espera... 952.34.45.56, de acuerdo, estupendo, te llamo ahora.

—¡Almudena!

—¿...?

—¿Podrías mirar si tengo un almuerzo libre la semana que viene?

—Un momento: el lunes, la reunión con la Mesa del Aceite [39]; el miércoles, la Asamblea General; el jueves, a Madrid; el viernes, tu dentista. Te queda libre el almuerzo del martes.

—Gracias.

—¿Miguel? Soy Marcelino. Ya está. Podríamos vernos el martes para comer, ¿qué te parece? ¿Conoces *El Cabra?* Está en Pedregalejo [40]. Sí, hombre, el segundo semáforo después de «El Balneario»*. Aparca donde puedas. El sitio no es nada, ¡pero tienen el mejor marisco de la costa! Vale, de acuerdo... Hasta el martes.

Miguel, Miguelito, Miguelón... El Rey, como lo llamábamos entonces. La verdad es que era un chaval majete*. Má jete [41] que otros, decía Fernando, y no le faltaban razones. Cuando pienso en él, recuerdo aquella foto de su boda con Marta. Ahí estaban todos: los padres de Marta, él, un general retirado* con medallas* y aureola* de héroe; ella, hija de ganaderos* con pretensiones* y muchas pesetas. Los hermanos, médicos o catedráticos; la hermana mayor, monjita en África y el resto, viviendo del cuento*. También estaban los padres de Miguel, algo recatados* y perversamente colocados en la foto de familia. La Constitución [42] hacía de todos unos ciudadanos iguales, aunque la igualdad se limitaba al texto escrito; en los atuendos* de cada uno se reflejaban tanto sus orígenes como el número de ceros que adornaban sus cuentas bancarias.

---

[39] La Mesa del Aceite: grupo de empresarios, sindicatos y administración que se reúne de una manera estable para tratar los asuntos relacionados con esta industria.

[40] Pedregalejo: barrio de Málaga, capital de la provincia del mismo nombre situada al sur de España, en la Comunidad Autónoma de Andalucía.

[41] *Ma jéte:* la autora juega con los significados de dos palabras que se acercan por el sonido: *chaval majete* (= *un joven simpático*) y *chaval más jeta* (= *con mucha cara, desvergonzado*). Hay que aclarar que en andaluz se aspira la *-s* final y por eso *más* suena [máh].

[42] La Constitución fue aprobada en referéndum el 6 de diciembre de 1978.

A Miguelito lo cogió el socialismo por sorpresa. Eso de ser rojo[43] le resultó fácil mientras todos luchábamos contra ÉL. Una vez lograda la tan anhelada* democracia, hubo que ponerse a trabajar de verdad, y eso ya le costó más. Cuando Felipe González ganó las elecciones en el 82[44], Miguelito, que se hacía llamar Michel, como el futbolista[45], se pudría en casa de su padre y se las daba de* escritor; luego, de pintor incomprendido, y acabó ayudando a su padre en las labores del campo, protestando por su talento desaprovechado y repitiendo que la culpa del suspenso de primero de Medicina[46] la tenían sus convicciones políticas. Pasaba mucho tiempo en los bares, bebiendo *gin tonic*, que era más fino que tomar tinto de verano[47], y fumando tabaco americano, con una mano en los bolsillos de sus pantalones de pinzas[48] que el socialismo emergente* había puesto de moda y acariciando con la otra una incipiente* barba con veleidades* de *Che* Guevara[49].

Hasta que llegó Marta, claro.

La ganadería de doña Elvira, heredada de su padre, iba viento en popa*. Había mucha afición[50] en aquella época y los toros que criaba eran bravos, de buena casta y nobles[51]. La familia, de rancio abolengo*, poseía unas buenas tierras en el pueblo y pensaron dedicarlas a la crianza* de caballos. Así que, un buen día de primavera desembarcaron todos en la plaza, frente al bar de Rosario, con la intención de conquistarlo. A doña Elvira se le quitaron enseguida sus aires de doña[52] cuando, al pisar el umbral* del bar, pegó repetidamente en la barra con su bastón* y soltó* con voz de mulero*: «Para mí un tinto de verano, hermosa, ¡y que tenga mucho tinto y poco verano!». Tan gloriosa entrada dejó a la asamblea pasmada* y el silencio que siguió fue interrumpido por la voz meliflua* de Marta, que pidió

---

[43] *Ser rojo*: en política significa ser radical, revolucionario o tener ideas izquierdistas.

[44] Felipe González: secretario general del PSOE desde 1974. En diciembre de 1982 promete su cargo como tercer Presidente del Gobierno de la democracia española. En 1996 su partido fue derrotado en las elecciones por el Partido Popular, liderado por José María Aznar.

[45] Michel: famoso futbolista Real Madrid y de la Selección Española en los años ochenta.

[46] Antes no existía un examen para ingresar en la Universidad (la Selectividad). El aprobado de los primeros cursos de la carrera elegida significaba poder continuar en ella.

[47] El tinto de verano: bebida compuesta por vino tinto, gaseosa (o refresco de limón), hielo y una rodaja de limón.

[48] Referencia a un tipo de pantalón que estaba de moda en la década de los ochenta.

[49] Che Guevara: médico argentino líder de la Revolución cubana. Apoyó a Fidel Castro contra el gobierno del dictador Batista. En la última etapa de su vida estuvo en Bolivia encabezando las guerrillas comunistas.

[50] La afición es el conjunto de personas que asisten asiduamente a determinados espectáculos o sienten vivo interés por ellos. En España, la afición por antonomasia es la de los toros.

[51] La fuerza, el origen y el actuar bien en la plaza son cualidades importantes a la hora de elegir un buen toro de lidia.

[52] *Tener aires de doña:* expresión coloquial que se usa para describir a una persona que actúa con alardes o pretensiones.

«Por favor- señora- un- café- con- leche-, corto- de- café- y- con- la- leche-templada». Como en los peores guiones de películas de la época de Franco, la señorita tropezó con la concha de un mejillón* que algún desaprensivo* había dejado en el suelo y desparramó* la mitad del café con leche sobre el pantalón de pinzas de *Michel*. ¡Qué horror! Mejor no recordar cómo terminó la escena.

Me perdí la boda. Corría el año 86 o el 87, no recuerdo. Isabel y yo nos habíamos conocido durante un congreso y nos habíamos enamorado locamente. Con la inconsciencia que nos brindaba* la juventud, desaparecimos unos días con la complicidad de mi hermana que nos dejó su coche, un Citroën Visa de segunda mano algo descascarillado* que nos llevó a Portugal. No nos enteramos de la boda-relámpago de Miguel hasta la vuelta, cuando nos contó la cotilla de Rosario, la del bar, que los habían casado a toda prisa, porque Marta se había quedado embarazada.

Y en eso había demostrado *Michel* su puntería*... quiero decir que había marcado el gol de su carrera, en fin, que había apuntado alto y le había salido penalti [53]. Se convertía de la noche a la mañana en yerno de la Generala [54], emparentaba* con un apellido ilustre y ofrecía a su futuro retoño*, además del brillo que no tenía el sencillo Gómez de su familia, la famosa ganadería de los Clairac [55].

Para caerle bien a su suegra, participó en cacerías*, colocó en su salón la cabeza asustada de un jabalí* madurito, se compró un todoterreno verde y empezó a frecuentar la cafetería del Gran Hotel, refugio* de ganaderos y matadores, al mismo tiempo que se hizo con un puesto en la Excelentísima Diputación [56].

Increíble... ¡Miguel! ¡Cómo hemos cambiado! Nos recuerdo corriendo detrás de la pelota por las calles del pueblo. La de cosas que han pasado desde entonces: Adolfo Suárez [57] nos sacó a todos de la duda. Hizo un buen trabajo, el mundo entero nos ha felicitado por haber sabido cruzar nuestro rubicón [58] particular en paz. De no haber sido por los tres ilumina-

---

[53] *Penalti*: en el lenguaje coloquial *casarse de penalti*, casarse por haber quedado embarazada la mujer.

[54] La Generala: antes era muy común llamar a la esposa de un determinado cargo público, político o militar, con el femenino de dicho cargo: *la generala, la alcaldesa, la tenienta...*

[55] Ganadería de los Clairac: ganadería de toros de la provincia de Salamanca.

[56] La Diputación Provincial: organismo en el que están representados todos los ayuntamientos de una provincia.

[57] Adolfo Suárez: *vid.* nota 21.

[58] *Pasar el rubicón*: frase hecha para indicar que se debe dar un paso decisivo, soportando algún peligro o riesgo. La expresión proviene del conocido episodio del general romano Julio César, quien al entrar con sus legiones en el territorio itálico, incumplió la prohibición establecida de cruzar el río Rubicón.

dos y el pobre infeliz de Tejero [59]... Pero bueno, también salimos airosos de ésa*. Y luego Felipe [60] y ahora estamos en la cabeza de Europa. Y todo eso, señores, ¡en menos de veinticinco años!

—Perdona, Marcelino. Está aquí Margarita Carrascal.

—Que pase, que pase.

—Buenos días, Margarita, ¿cómo estás?

—Hola, Marcelino, pues... podría estar mejor: la empresa ha presentado suspensión de pagos*; no sabemos todavía qué es lo que va a pasar, pero mucho me temo que nos iremos a la calle sin ver un duro [61].

—Un momento, pero el Comité de Empresa [62] no decía que...

—Mira, Marcelino, el Comité de Empresa te habrá dicho lo que sea, pero el caso es que esta mañana han presentado suspensión de pagos. La gente piensa movilizarse*, hablan de tomar la fábrica* e incluso de huelga de hambre. Hay que hacer algo, ¿no crees?

—Vamos a hacer ruido, por supuesto. Consígueme una cita con los de UGT [63], hay que llevar una política común. Son dos mil trabajadores y no está el horno para bollos*.

—Vale, vuelvo para allá. Te llamo esta tarde.

—Intenta conseguir más información. Yo me pasaré mañana por la mañana.

—De acuerdo, hasta luego.

—Adiós.

¡Qué extraña es la vida! —piensa Marcelino—. Nos veo todavía pegando los carteles de esas primeras elecciones democráticas, cuando se presentaron más de cien partidos. ¡Qué hambre de libertad teníamos entonces! Miguel es ahora dueño de una gran ganadería, Fernando estudió Veterinaria* en Madrid, Marro sigue de cabrero en el pueblo y debe de andar por los sesenta y tantos años, y aquí me tienen a mí de abogado laboralista*, yo que vendía *El Mundo Obrero* [64] a la salida de misa, los domingos,

---

[59] Antonio Tejero Molina: teniente coronel de la Guardia Civil que entró con un destacamento en el Congreso de los Diputados durante la sesión de investidura del segundo presidente de la democracia, Leopoldo Calvo-Sotelo. Este asalto era parte de un plan más amplio que intentó sin éxito dar un golpe de Estado el 23 de febrero de 1981.

[60] *Vid.* notas 30 y 44.

[61] Duro: moneda española equivalente a cinco pesetas.

[62] El Comité de Empresa: comisión formada por sindicatos de trabajadores y empresarios que atienden los asuntos relacionados con la empresa.

[63] UGT: Unión General de Trabajadores. Sindicato de tendencia socialista muy popular en España.

[64] *Mundo Obrero*: periódico del Partido Comunista de España elaborado y publicado de forma clandestina en tiempos de la dictadura.

que fue cuando el cura llamó a mi madre para avisarla de que su hijo iba por mal camino.

En 1982, cuando España ingresó en la OTAN [65], a pesar del referéndum y de las manifestaciones, acababa de cumplir los dieciocho años y me habría tocado irme a la mili [66], de no ser porque mi madre sacó un día una caja de galletas de debajo de la cama y me dijo:

—Hijo mío, este dinero es tuyo. Todos esos años hemos intentado ahorrar algo para que pudieras estudiar. Tu padre lo habría querido así.

—¿Mi padre? —contesté yo—. Pero si mi padre no se preocupó nunca por nosotros. ¡A ti te dejó plantada* y nosotros debíamos de importarle bien poco para que desapareciera un día y lo mataran a ochocientos kilómetros de aquí como a un conejo!

La bofetada* que siguió marcaría para siempre el final de mi adolescencia. Mi madre había palidecido* de repente.

—¡Estúpido ignorante! —me espetó*—. ¿Qué sabrás tú de la vida? No hables nunca más de tu padre en este tono, ¿me has oído?

—Sí, madre, está bien —dije mirándome los zapatos. No entendía la actitud de mi madre ni cómo podía defenderlo a él, con lo que la había hecho sufrir. Pero me sorprendió tanto su reacción que me quedé anonadado*.

—No se hable más, Marcelino. Tienes que estudiar. Médico o abogado, elige.

—Pero, mamá, no lo he pensado. No puedo darte una respuesta así.

—Pues tienes unas semanas para pensártelo. Algún día debería venir un buen médico a este pueblo, pero, por otra parte, no estaría mal que alguien de esta familia trabajara para defender los derechos de los más débiles: es hora de que se oiga su voz.

Mi madre había dado la conversación por zanjada*. Médico o abogado. No cabía otra alternativa. Era la primera vez que la había visto tan determinada*. La miraba con ojos nuevos: mi madre pensaba. Quizás le habían hecho mella* las actividades políticas de esa ya famosa abogada, Cristina Almeida [67], que participó en numerosos juicios políticos durante el franquismo y que, ya en democracia, alentó la creación de Asociaciones de Mujeres en defensa de la igualdad, y participó en numerosas causas sobre vulneración de derechos humanos.

---

[65] OTAN: Organización del Tratado del Atlántico Norte. Fue creada en 1949 por Europa y Estados Unidos para defenderse del hipotético ataque de la URSS y de los países del Este, que a su vez elaboraron el Pacto de Varsovia. España pasó a formar parte de ella en 1982.

[66] *La mili*: servicio militar obligatorio.

[67] Cristina Almeida: famosa abogada y política de izquierdas, antigua militante del partido Izquierda Unida.

El caso es que, unos meses después, ingresé en la Complutense [68], de la que saldría seis años más tarde, con la orla debajo del brazo. Mi madre me abrazó con un calor renovado y sus ojos se llenaron de lágrimas. La orla [69] se enmarcó y ahí sigue, en la pared del salón, bien a la vista de todos.

—Marcelino, te llama un tal Eduardo Vázquez.

—¿Quién?

—Eduardo Vázquez. Dice que es amigo de tu padre.

—¿De mi padre?

Marcelino siente cómo la sangre se le sube a la cara. «¿Mi padre? Pero si hace no sé cuánto tiempo que murió…».

—Pásamelo, Almudena. ¿Sí? ¿Dígame?

—¿Don Marcelino?

—Soy yo, ¿quién es?

—Mi nombre no le suena, seguro. Tengo ya muchos años, don Marcelino. Lo llamo porque su padre era un gran amigo mío, fuimos compañeros durante tantísimos años…

—Pues tiene usted mucha suerte, señor Vázquez. Yo, a mi padre apenas lo conocí, la verdad. Sólo recuerdo broncas* en casa y sus largas ausencias, así que dígame lo que quiere y ya veré si puedo ayudarlo en algo.

—Me parece, don Marcelino, que el que puede ayudarlo soy yo. Ya me decía su padre que era usted un muchacho algo presumido* y con carácter. Bueno, a lo que iba [70], han pasado muchos años y creo que ha llegado el momento de que le entregue la carta que me dejó su padre para usted.

—¿Una carta? ¿Para mí? Pero…

—Sí, señor, una carta que le dejó su padre. Había otra para su madre, pero ésa ya se la entregué cuando fue a Salamanca con usted.

Marcelino intenta hacer memoria, pero no recuerda que su madre hablara en ningún momento con un desconocido, claro que han pasado tantos años…

—Y dígame, señor… hmmm… Vázquez, ¿por qué no me envía usted la carta a mi dirección en Málaga? Y otra cosa, ¿por qué ha esperado tanto tiempo para ponerse en contacto conmigo?

—Ya…, resulta algo extraño, lo sé, pero sólo respeto la voluntad de su padre, señor. Insistió para que no se le contara nada antes de que hubie-

---

[68] La Complutense: universidad de Madrid. La denominación le viene del antiguo nombre de la ciudad de Alcalá de Henares, donde antes tenía su sede.

[69] La orla: lámina de cartulina o papel en la que se agrupan los retratos de todos los estudiantes de una promoción escolar o profesional cuando terminan sus estudios u obtienen el título correspondiente.

[70] A lo que iba: marcador discursivo coloquial para cambiar de tema y volver al principal. En un registro formal se usan volviendo al tema principal, retomando el tema, etc.

ra terminado sus estudios y llevara unos años ejerciendo*. Las cosas nunca son tan evidentes como parecen. Mire, tengo una hija en Granada [71] a la que vamos a ver cada tres meses mi señora y yo. ¿Qué le parece si nos encontramos en Málaga la semana que viene?

—Sí, hem…, un momento. ¡Almudena!

—Dime.

—Mírame la agenda de la semana que viene otra vez, por favor.

—No te queda nada libre, Marcelino, ya te lo he dicho.

—Pues ¡cámbiame la cita con el dentista!

—¡Pero si llevas esperando más de un mes para que te reciba!

—Pues me esperaré algo más. Cancélala, por favor.

—Bueno, lo que tú digas.

—¿Señor Vázquez? ¿Qué le parece el viernes?

—¡Estupendo!

—Iré yo a Granada, si le parece.

—Como quiera. ¿Por qué no quedamos en el hotel Guadalupe? Está justo enfrente de la Alhambra [72].

—Sí, lo conozco, de acuerdo. En el Guadalupe… ¿Le viene bien sobre las once?

—Perfecto. Hasta el viernes.

—Hasta el viernes, señor Vázquez…

Marcelino se queda pensando… «Primero Miguel, ahora este tal señor Vázquez… ¡Vuelve el pasado, muchacho! ¿Qué estará pasando aquí?».

Los días se hacen interminables. Pasa la semana sin más sustos ni sorpresas que las habituales del despacho. Muchos despidos improcedentes*, alguna que otra quiebra*, en fin, lo habitual.

La situación económica de la mayoría de los españoles está mejorando. Sin embargo, falta mucho por hacer. Pero, ¡qué rápido ha ido todo! No hace ni veinte años que se hablaba de animar a la gente a presentar la declaración de la renta [73] para contribuir al futuro del país y, mira ahora, ya estamos hablando del euro y de cultura global. Pienso a veces que algo se está perdiendo con tanta globalización. Dentro de poco habremos perdido

---

[71] Granada: capital de la provincia del mismo nombre en la Comunidad Autónoma de Andalucía, famosa por su riqueza histórico-cultural.

[72] La Alhambra: castillo y palacio del reino musulmán de Granada construido entre 1238 y 1358. Es uno de los monumentos más visitados de España y del mundo. En ella ambientó el escritor norteamericano Washington Irving sus *Cuentos de la Alhambra*.

[73] La declaración de la renta se hace una vez al año para declarar los ingresos y haberes de un ciudadano. En España costó bastante concienciar a la gente de que era un deber inexcusable para contribuir al mantenimiento del Estado.

nuestra identidad y, lo que es mucho peor, nuestra idiosincrasia*, nuestra forma de ver la vida. Los pueblos tienen su historia al margen de su evolución económica; la historia de un finlandés nada tiene que ver con la de un andaluz; pero los dos escuchan la misma música anglosajona*, comen los mismos bocadillos de plástico y conservantes* y ven las mismas películas violentas…, e Internet, claro. ¡Qué angustia! Porque… ¿existirá algún día una alegría virtual*? ¿Se podrá expresar en pantalla el olor a tortilla de patatas, a pimientos fritos, a vino tinto o a sidra recién servida?[74]. ¿Dará lo mismo el olor de la hierba mojada o el sabor de la sal en la piel en verano? ¿Estaremos tod@s reducid@s a una extensión punto com, punto es, punto net? ¿Se limitará nuestra historia a los escándalos políticos internacionales, las intervenciones de las grandes potencias o la influencia de los países petroleros* sobre el precio de nuestras patatas?

En fin…, ya estoy otra vez peleando desde mi despacho con molinos o gigantes[75]; es que no tengo arreglo.

TERCERA PARTE

El martes, a la hora de comer, Marcelino llega el primero al restaurante de la playa.

—¿Un finito, don Marcelino?

—Sí, gracias, y unas aceitunillas, por favor.

—No faltaría más.

Al ver llegar a Miguel, se ha sobresaltado*. Claro que es mayor que él, andará por los cuarenta y cinco o cincuenta años, pero su aspecto envejecido le llama la atención. «Es ahora un señor con barriga y gafas y la corbata le sienta como un tiro» —piensa Marcelino.

—¡Miguel!

—¡Hola, Marcelino! ¡Me alegro de verte!

—¡Cuánto tiempo ha pasado! ¿Qué te ha hecho «abandonar» por unas horas tus toros y tus caballos?

—Tú, muchacho, tú… ¿Te acuerdas de la tierra de Ramón?

—¿La que se disputaron Ramón y Jacinto durante años?

—Ésa.

—¿Y?

---

[74] La sidra es una bebida de poca graduación alcohólica hecha con zumo de manzana y muy típica en Asturias.

[75] Alusión a un conocido pasaje de *El ingenioso hidalgo Don Quijote de la Mancha* en el que el protagonista ataca a unos molinos creyendo que son gigantes.

—Pues resulta que los hijos de Ramón la vendieron a un constructor amigo mío hace unos meses; y cuando empezaron a cavar* la semana pasada se encontraron con la caja.

—¿Qué caja?

—Perdón, deja que te explique. Encontraron una caja metálica, de esas de galletas, como las que se hacían antes. Uno de los peones* la abrió y encontró un montón de papeles y unas cuantas cartas. También había un DNI [76].

—Bueno, ¿y?

—El DNI era de tu padre. Los papeles y las cartas hablaban de una célula revolucionaria antifranquista [77] y las cartas iban a nombre de tu madre…

—¿Cómo?

—Lo que oyes. ¿No sabías nada de eso?

—Nada. ¿Cómo iba a saberlo si mi padre nunca existió para mí? La imagen que tengo de él es la de un borracho irresponsable.

—Pues desengáñate*, chiquillo. Por lo visto [78], tu padre formaba parte de una célula activa. Era uno de los miembros destacados del Partido Comunista en el exilio.

—¿Quééééé?

—Como lo oyes.

—¿Mi padre un revolucionario?

—Aquí te traigo la caja. He pensado que era mejor que te la diera a ti. Tu madre está frágil de salud y no sé si habría sido buena idea dársela a ella. Son muchos recuerdos, seguro.

Marcelino abre la caja con cautela*. Aparece el DNI de su padre. Sí, es él: una nariz aguileña*, los ojos ligeramente hundidos por el hambre y la vida, y su sonrisa de hombre fuerte. Las huellas dactilares* se han corrido* un poco y le dibujan un curioso bigote.

Después de apartar unas cuantas cartas atadas por un lazo que el paso de los años ha descolorido, examina los papeles recogidos en un sobre marrón. Muchos números, un lenguaje cifrado*, algún que otro plano de Madrid y unas notas tomadas por su padre, cuya letra grande y ligeramente torcida reconoce. Habla de los grises [79], del cuartel de la Guardia Civil, de

---

[76] DNI: Documento Nacional de Identidad.

[77] Célula revolucionaria antifranquista: grupo de personas que luchaban en la clandestinidad contra el franquismo. Funcionaba de un modo organizado pero casi aislado de otras células para evitar que la policía conociera la estructura general.

[78] *Por lo visto*: *al parecer, parece que*. Marcador discursivo que se usa para hablar de algo que se deduce de ciertos indicios.

[79] Los grises: nombre con que se conocía a los policías nacionales por el color de su uniforme.

·las apariciones en público de Franco, de Carrero Blanco [80], de las actividades de un grupo vasco llamado ETA [81]…

Marcelino mira las cartas sin atreverse a leerlas. Son de su padre para su madre. Todas están selladas en provincias del norte: Valladolid, Burgos, San Sebastián, Salamanca, Madrid y otras, muchas, en Francia. «Debería devolvérselas a mi madre» —piensa.

—Gracias, Miguel. Perdona, pero me he quedado de piedra.

—Nada, hombre, se entiende. Quería que las tuvieras tú.

—¡Cómo es la vida! ¿Sabes que hace unos días me llamó un hombre diciendo que era un amigo de mi padre?

—¿Y?

—Pues que tenía una carta para mí. Después de lo que yo he dicho de él. Ahora entiendo mejor que mi madre me diera aquella bofetada. Pero, ¿por qué? ¿Por qué no me dijo nunca nada?

—Eran otros tiempos, muchacho. Debes entenderlo, aunque tú eras muy niño para darte cuenta, claro. Tu madre sí que ha aguantado*. Tu padre le decía siempre que Franco no duraría y que todo iría mejor después…, pero no tuvo tiempo de demostrárselo.

—¡Joder, Miguel! —Marcelino quiere darse un respiro*—. ¿Desde cuándo no hablábamos así, tomándonos unos vinos? ¿Qué es de tu vida?

—Pues ya sabes, los toros, los caballos…

—¿Y tu familia?

—Marta, bien, y los chavales, creciendo. Francisco, el mayor, ya tiene veintidós años, ¡y novia!

—¿Novia? ¿Pero va en serio?

—Pues eso parece. Hay que ver cómo pasa el tiempo. ¡Ya mismo nos hacen abuelos! Aunque, si te digo la verdad, no tengo ninguna prisa, ¿y tú?

—Ja, ja, ja… Pues yo no tengo ninguna prisa ni muchas posibilidades de ser abuelo. Bueno, ni yo ni Isabel… Por no tener, no tenemos ni hijos, ¡con mis sobrinas nos basta! Están aquí, en la Facultad. Viven con nosotros y vuelven al pueblo con mi hermana los fines de semana. Pero no hay problemas. Nos llevamos bien. Son muy majas.

La conversación se prolonga y Marcelino y Miguel recuerdan —entre gamba y gamba— a todos los vecinos del pueblo. A las dos horas, Miguel se levanta para irse.

---

[80] Carrero Blanco: Presidente del Gobierno durante la dictadura franquista. Murió en un atentado el 20 de diciembre de 1973.

[81] ETA: grupo terrorista vasco que propugna la independencia total del País Vasco español y francés. Fue creada en 1959 a partir de un sector del Partido Nacionalista Vasco y comenzó su actividad armada a finales de los años sesenta. Su atentado más importante fue el del Presidente del Gobierno en 1973. Durante la democracia, a pesar de que se concede un estatuto de autonomía especial para el País Vasco y Cataluña, ETA (Euskadi Ta Askatasuna = *Euskadi y Libertad*) continuó con sus asesinatos.

—Bueno, pues lo dicho: ya tienes mi teléfono. Pásate con Isabel un fin de semana de éstos. La casa es muy grande, hay sitio para todos y, si os gusta el campo, estaréis encantados.

—Gracias, Miguel. Iremos, seguro. Gracias por venir.

El mar va y viene en un movimiento eterno. ¿De dónde vendrá tanta agua? ¿A dónde irán las olas? ¿Qué soy yo en este mundo? ¿Quién era en verdad mi padre?

Un perro callejero se le acerca. Marcelino lo acaricia de forma mecánica. El perro pide más. Con el hocico* le busca la mano y la mirada: «*Para que te sirva de ojos cuando los tuyos no puedan ver...* —recuerda—. ¿Qué habrá sido de aquel chucho dorado? ¿Por qué desaparecería?».

Cuando Marcelino vuelve a su casa, Isabel está trabajando en su nuevo libro. Es profesora de español para extranjeros y experta en gramática. Anda algo apurada* porque la han llamado desde Brasil para que imparta* un curso en el Instituto Cervantes [82] y entre las clases, esos cursos y los libros le queda poco tiempo para disfrutar de su maravillosa casa, frente al mar.

—Hola, cariño —le grita Marcelino desde la puerta.

—Mmmmm,... laaa... ...mor —contesta, concentrada.

—Ya veo que te alegras un montón de verme —se ríe Marcelino.

—¡Perdona! Es que hoy no estoy nada inspirada y me faltan todos los ejemplos del curso... Además, no encuentro la cinta de Luz Casal [83] con *Piensa en mí*.

—¡Tu sobrina!... Bueno, la mía, mira a ver si la tiene ella.

—¡Claro! Seré tonta. Y tú, ¿qué tal el día?

—¡Movidito! Voy a hacer un té. ¿Te apetece?

—Estupendo, y así me lo cuentas tranquilamente.

Marcelino le cuenta con pelos y señales su entrevista con Miguel y la llamada del tal Eduardo.

—¡Qué extraño!, ¿no?

—Sí, parece que el pasado vuelve a mí de una manera un tanto brutal y de una sola vez.

—Deberías hablar con tu madre, ¿no?

—No lo sé. Está muy débil todavía. El médico dice que se pondrá bien, pero que mejor evitarle emociones durante unos meses. Ya hablaré con ella después, cuando yo también tenga las cosas más claras.

—Bueno. ¿Qué pasó con la suspensión de pagos?

---

[82] Instituto Cervantes: Instituto para el fomento y difusión del español en el mundo.

[83] Luz Casal: cantante española de *rock* y *pop* que comenzó su carrera a principios de los años ochenta.

—Todavía estamos negociando. Los de UGT y CCOO [84] están haciendo un buen trabajo, pero hay que ser prudentes. No está todo ganado. No sé lo que pretenden los empresarios, no sé a dónde vamos a llegar. Reducen plantillas*, despiden a los trabajadores, intentan rebajar cada vez más las compensaciones* por despido, las cuotas* de la Seguridad Social [85], los sueldos base*, en fin… ¿Qué se pretende? Como las cosas sigan así, habrá que inventarse el trabajo.

—Pues no creas que has dicho una tontería, fíjate en los jóvenes y en las mujeres empresarias; ésas sí que le echan imaginación. Las de aquí al lado acaban de montar una empresa: *Tele-plancha* se llama. Te recogen la ropa en casa y a las veinticuatro horas te la devuelven planchada.

—Lo que de verdad creo yo es que deberíamos llamarlas, porque la dichosa plancha nos quita un montón de tiempo, ¿no te parece?

—Ea [86], como dicen por aquí.

La ruta hasta Granada se hace corta. Todavía se adivina la nieve en Sierra Nevada [87] y al llegar a Loja [88], Marcelino se para a tomar un café. Siempre le han gustado los bares de carretera que huelen a café, a aceite y a ajo y de los que cuelgan unos cuantos jamones curados. «¡Qué globalización ni qué leche! [89] —piensa—. Donde haya un buen bar español, que se quiten los demás».

Entra en el hotel *Guadalupe* con media hora de antelación*. Unos minutos más tarde llega un hombre mayor. «Es alto, muy alto para su generación —uno setenta y cinco—, piensa Marcelino, calculando a ojo*». Anda con elegancia, tiene una sonrisa franca* y abierta y mucho pelo blanco. «Me gusta ese hombre» —se dice Marcelino.

—Buenos días. ¿Eres Marcelino, verdad? Te he reconocido* en cuanto te he visto, eres igual que tu padre. Yo soy Eduardo Vázquez. Bueno, perdona que te tutee [90], es que te conozco hace tantos años…

---

[84] Los de UGT y CCOO: Unión General de Trabajadores y Comisiones Obreras (*vid.* nota 62). A veces se usa el artículo masculino plural para referirse a los miembros que forman el grupo.

[85] La Seguridad Social es el sistema estatal de seguro médico y de pensiones.

[86] *Ea:* interjección para denotar alguna resolución de la voluntad (*Ea, ya no trabajo más*), para animar o arrullar (*Ea, ea, mi niño*), estimular a la acción (*Ea, vámonos*), para manifestar sorpresa o ironía ante algo que se ha dicho anteriormente (>¿*Por qué no comemos fuera?* <*¡Ea, viva la vida!*).

[87] Sierra Nevada: sierra situada al sur de la ciudad de Granada. En ella se encuentra El Mulhacén, que con sus 3.478 metros es el pico más alto de la Península Ibérica.

[88] Loja: pueblo de la provincia de Granada a medio camino entre la capital y la ciudad de Málaga. Antes, cuando no existía la autovía, era parada obligada de los autobuses públicos.

[89] *¡…ni qué leche!:* exclamación que rechaza o niega la palabra que precede. Ejemplo: >*Vamos a comer una hamburguesa.* <*¡Qué hamburguesa ni qué leche! Te invito a comer un buen cocido madrileño en mi casa.*

[90] El tuteo: cuando una persona es de más edad que otra, puede tutear a la más joven. Eso no significa que se deba responder utilizando el mismo recurso, pues podría entenderse como una falta de respeto.

—Buenos días, señor Vázquez. Me perdonará mi actitud del otro día al teléfono, pero creo que no estaba preparado.

—No te preocupes, es comprensible. Los tiempos han sido difíciles para todos y hay cosas de las que durante mucho tiempo nos ha costado mucho hablar. Yo mismo he tardado años y años en contarles a mis hijos lo que había vivido. Sólo mi mujer estuvo siempre al corriente de lo que hacíamos. Tu madre también. ¡Vaya lo que han aguantado esas mujeres! A menudo estaban mal vistas por el resto del pueblo. Recuerdo que tu madre incluso llegó a decir que tu padre la había abandonado para que los hijos no sufrieran las críticas de los vecinos «del otro bando»[91]. Unas heroínas, sí señor.

—Hábleme de mi padre.

—Tu padre era mi mejor amigo. Nos conocimos durante la mili, cuando los dos servimos* en Melilla[92]. Rápidamente nos dimos cuenta de que pensábamos igual. Empezamos a planear alguna que otra operación que llevaríamos a cabo al terminar. A partir de ese momento, todo fue un sinfín de* luchas; al principio desde dentro del país, incluso intentamos acabar con el régimen. Las detenciones, torturas* y los encarcelamientos fueron incontables. Perdimos a muchos compañeros. Cuando las cosas se pusieron más feas aún, nos fuimos a París con Carrillo[93].

—Pero, ¿cómo es que mi padre pasaba temporadas en casa?

—Tu madre decía que trabajaba en Francia, en el campo, que no valía para otra cosa, pero que por lo menos así os traía dinero para comer. Viajábamos con papeles falsos. Teníamos varias identidades. Un día el alcalde de tu pueblo lo delató*. Pudo huir gracias a un cabrero que lo ayudó.

—¿Marro?

—Marro, sí. Era un compañero de lucha, un tío extraordinario.

—Sigue viviendo en el pueblo.

—Pues si lo ves alguna vez, dale recuerdos del Bate, que es como me conocían los compañeros.

—Lo haré.

—Después, tu padre volvió a España. Vivía en el monte y cambiaba a menudo de ciudad y de provincia. Las visitas que le hacía a tu madre eran siempre de noche y en secreto. Volvieron a pillarnos* en el cincuenta y seis, cuando encarcelaron a Tamames[94]; pudimos escapar, pero tu padre ya estaba fichado*. Pudo burlar* a la policía durante muchos años, era un

---

[91] *Vid.* nota 36. Aquí se habla del bando nacionalista, partidario de Franco.
[92] Melilla: ciudad española situada al norte de África; junto con Ceuta, tiene un estatuto especial de autonomía.
[93] *Vid.* nota 34.
[94] Ramón Tamames: economista militante del Partido Comunista de España, quien, como Santiago Carrillo, estuvo en el exilio.

hombre muy listo, pero un día, poco tiempo antes de la muerte de Franco, lo localizaron en los montes de la Sierra de Gata[95]. Yo estaba con él, pero no pude avisarlo. Lo mataron de un tiro en la espalda. Iban a por[96] él. Era un líder. Puedes estar orgulloso de tu padre, Marcelino. Tu madre recibió con la democracia el reconocimiento del Partido.

—No lo entiendo. ¿Por qué no me habló mi madre nunca de todo eso?

—Porque para ella son momentos difíciles de recordar. Se querían mucho. Fingían* discusiones, incluso ante sus hijos, acumulaban* botellas vacías que esparcían* por los suelos. Cuando tu padre salía corriendo de casa por miedo a la policía, tu madre se ponía a llorar, diciendo que era un borracho empedernido* y que abandonaba a su familia.

—Decía que tenía una carta para mí.

—Aquí te la dejo. Me había pedido que te la entregara si le pasaba algo. Me voy, Marcelino, me espera mi familia. No le tengas rencor al pasado, las cosas ocurren cuando tienen que ocurrir. A nosotros nos tocó vivir una parte de la historia y a ti te toca vivir otra. Sé que haces también un buen trabajo desde el sindicato. Tu padre estaría satisfecho. Ha sido un duro combate, pero ha merecido la pena*.

—No lo sé, señor Vázquez. No sé si ha merecido la pena. Tantas vidas destruidas, tantas familias separadas, tanto sufrimiento…

—Por eso ha merecido la pena: para que nunca más nos dejemos llevar por el extremismo. La democracia tiene muchos fallos, pero es, de momento, el mejor sistema para todos. Hay que cuidarla. España ha conseguido pasar de la intransigencia* a la convivencia y al respeto de las ideas políticas de cada uno sin violencia, sin enfrentamiento y en torno a la figura de su Rey. Muchos países nos han envidiado esa sabiduría.

—Gracias por sus palabras, señor Vázquez. Hoy soy menos idiota que ayer. No podía haber imaginado…

—Ánimo, muchacho. Ahora te toca a ti.

Marcelino dejó La Alhambra y las cumbres* de Sierra Nevada a sus espaldas y emprendió* su viaje de regreso a casa. La carta de su padre se lo contaba todo. Le decía que las cosas pocas veces son como las vemos, que muchas veces necesitamos ver a través de los ojos de los demás, porque los nuestros a menudo están cegados* por la ira o la intolerancia. Y que igual que yo, tú necesitas de un buen amigo, un amigo de *verdad*…

Para que te sirva de ojos cuando los tuyos no puedan ver.

---

[95] Sierra de Gata: *vid.* nota 5.

[96] Ir a por: *ir por*. Expresión incorrecta pero muy coloquial. Aquí expresa la insistencia que se pone por conseguir o atrapar algo o a alguien. Cuando se refiere a personas, se puede hablar incluso de acoso.

Explotación

Comprensión lectora

1 ¿Verdadero o falso? Justifica tu respuesta.

Ejemplo: *El padre y el perro desaparecieron el mismo día.* → Falso, porque el padre había desaparecido años antes.

— *El cura echa agua a los niños.*

— *La gente estaba en la calle para celebrar el cumpleaños de Marcelino.*

— *Santiago Carrillo era el representante de la UCD.*

— *La madre de Marcelino le regala un perro y por eso el padre se enfada.*

— *La hermana de Marcelino no fue a votar.*

2 ¿Qué actitud tiene el niño ante su padre? ¿Cómo la demuestra?

3 ¿Qué pensaba Marcelino de Adolfo Suárez? ¿Por qué?

4 Cuenta con tus palabras el viaje de Marcelino y su madre a Salamanca: los motivos, el medio de transporte, el lugar donde se quedaron, etc.

5 ¿Hubo algún momento de nerviosismo para el niño en ese viaje? ¿Qué lo motivó?

_____

_____

6 Después de volver al pueblo, ¿la vida siguió igual? ¿Por qué?

_____

_____

7 Da las teorías posibles por las que crees que han matado al padre.

_____

_____

Gramática y vocabulario

Recuerda que:

💣 *Casos BOMBA de POR y PARA*

1. POR = causa; PARA = finalidad.

2. POR y PARA + tiempo tienen distinto significado:
   — *Para mañana habré terminado el trabajo:* tiempo antes del cual ocurre algo.
   — *Por aquellos años la gente...:* tiempo aproximado.

3. Estar + POR/PARA + infinitivo:
   — *Estoy por llamarlo, pero no sé:* no saber qué hacer, dudar.
   — *Está para ayudar a los enfermos:* servir para algo, estar dispuesto a hacer algo.
   — *Los platos están por fregar:* tener algo sin hacer.
   — *Estaba para salir cuando llamaste:* a punto de.

4. ESTAR + POR + sustantivo:
   — *Estamos por la paz:* a favor de.

5. POR/PARA + lugar:
   — *Voy para el centro, ando para la playa:* en dirección al centro / a la playa.
   — *Voy por el centro, ando por la playa:* a través de / a lo largo de.

---

1 A) Recoge todos los casos de **por** y **para** que aparecen en esta primera parte e intenta agruparlos en el cuadro que creas oportuno. Los que no conozcas, métclos en el cuadro preparado para ello, para que no se te olviden:

CASOS FÁCILES ❀	CASOS BOMBAS 💣
EXPRESIONES FIJAS 🖋	*LO QUE NO CONOZCO* ☹

B) Tú has recogido los casos «peligrosos» en un cuadro. Vamos a practicar un poco más con ellos. Usa POR o PARA en estos diálogos según creas conveniente. Si puedes, explica por qué has elegido una solución u otra.

> ¿Cuándo fuiste por última vez a un museo?
< Creo que fue   marzo o abril del año pasado.

> ¿Por qué no has venido a la cita que teníamos?
< Lo siento. Estaba   salir cuando me di cuenta de que había perdido la cartera y he tenido que ir a la policía   denunciarlo.

> ¿Cuándo podemos reservar el billete a Barcelona?
<   el 24 de julio habré terminado los exámenes, así que puedes reservarlo   la semana siguiente.

> ¿Qué te pasa?
< He perdido mi trabajo   llegar tarde un día.
> ¡Qué horror! ¡Qué disciplina!

> He visto un vestido precioso en aquel escaparate. Estoy   comprármelo, pero no sé.
< ¡Cómpratelo, mujer, si te gusta tanto!

> ¡Uy! Acabo de darme cuenta de que los últimos exámenes están _____ corregir. ¡Qué cabeza tengo!

< Bueno, todavía hay tiempo, tienes que llevar las notas el próximo lunes.

> Sí, pero les dije a los alumnos que estarían _____ mañana.

< Eso te pasa _____ prometer cosas. Ahora tienes que ponerte a corregir.

> ¿Qué pensáis de este tema?

< Yo estoy _____ la globalización, porque pienso que tenemos mucho que ganar.

> Pues yo no. Yo estoy totalmente en contra.

> ¿Qué vas a hacer con ese dinero que acabas de sacar?

< Voy a darlo _____ el Tercer Mundo.

> Nos vamos _____ el centro. ¿Te vienes?

< No, tengo que terminar este trabajo _____ mañana.

> Bueno, si terminas, estamos _____ los sitios que tú ya sabes, los de siempre.

< Vale.

> ¿Y María?

< No sé, cuando la he visto iba _____ su casa. Imagino que estará allí.

> No gano dinero _____ comprar todo lo que quiero.

< No te quejes. Ganar lo que ganas _____ hacer tan poco, creo que es suficiente.

> Ya, pero me gustaría trabajar más _____ ganar más.

> Todos estaban muy contentos _____ la fiesta y _____ estar juntos de nuevo.

< ¡Qué pena no haber podido ir!

② En la novela has podido leer las siguientes frases: *«Llevábamos ya varios meses de sequía»*, *«Nos tiramos un día entero de viaje»*, *«Tardamos más de dos horas»*... Vamos a practicar estas estructuras temporales.

A) Transforma las siguientes informaciones sacadas de la novela en estructuras en las que tengas que usar el verbo *llevar* + tiempo. Cambia todo lo que sea necesario para que la frase sea correcta.

— *Mi hermana se encontraba en el sexto mes de embarazo.*

— *El padre había desaparecido allá por los setenta. Unos años después llamaron a mi madre para reconocer un cuerpo.*

— *Recé para que pudiéramos cobrar la pensión de viudedad que le correspondía a mi madre, después de diez años de fregar escaleras.*

— *Yo me pasé buena parte de la noche envuelto en la manta marrón, adivinando detrás de la cortina de pinos las sombras misteriosas del monte.*

— *Ramón y Jacinto no se saludaban desde hacía dos años.*

B) **Tardar, llevar, durar, tirarse:** aunque los significados sean parecidos, no se pueden usar siempre como sinónimos sin cambiar la frase.

TARDAR	+ TIEMPO + (EN + INFINITIVO): tiene un sentido de crítica por el mal uso del tiempo: *¡Cuánto tiempo has tardado en venir!*
LLEVAR	+ TIEMPO: duración de una acción hasta el momento en que se habla: *Llevo cuatro horas en casa.*
	+ TIEMPO + DE + SUSTANTIVO: *Llevábamos varios meses de sequía.*
	+ PARTICIPIO + SUSTANTIVO: *Llevo leídas cien páginas del libro que me regalaste.*
	+ ADJETIVO + TIEMPO (+ tiempo + adjetivo): *Llevo enfermo cuatro días.*
	+ GERUNDIO + TIEMPO (+ TIEMPO + GERUNDIO): *Llevo estudiando cuatro horas.*
	No se indica el fin de la acción. No se usa en indefinido ni en imperativo.

DURAR	+ TIEMPO: siempre referido a cosas. *El viaje de regreso duró cuatro días.* Cuando se refiere a personas tiene un sentido de resistencia ante una acción: *Duro (aguanto) mucho bajo el agua.*
TIRARSE	+ TIEMPO + DE + SUSTANTIVO: *Nos tiramos varios meses de sequía.* + ADJETIVO + TIEMPO (+ tiempo + adjetivo): *Me he tirado enfermo una semana.* + GERUNDIO + TIEMPO (+ TIEMPO + GERUNDIO): *En mis vacaciones me he tirado todo el tiempo leyendo.* Aunque *tirarse* y *llevar* se pueden usar como sinónimos, tirarse es mucho más enfático y coloquial. Se usa cuando se quiere hacer especial hincapié en la duración de la acción. Además, puede indicar que la acción ya se ha dejado de hacer, mientras que con *llevar* no se añade esa información. Se puede usar en cualquier tiempo.

Teniendo en cuenta lo dicho, completa los siguientes diálogos con la estructura apropiada. Si en alguna de ellas puedes usar dos, explica el matiz que se añade al significado de la frase.

> Anda, hija, que (estudiar)   cinco horas. Vamos a dar una vuelta.
< Vale, ahora acabo.

> Tienes los ojos rojos. ¿Qué te pasa?
< Nada, que me (navegar)   por Internet cuatro horas.

> ¿Sabes cuánto   la película?
< No sé, pero más de hora y media porque   una hora y quince minutos y no parece que vaya a terminar.

> ¡Cuánto   en ducharte!
< Sí, es que me puedo   horas y horas debajo del chorro de agua.

> Estos pantalones son geniales. Me   cinco años y si los arreglo puedo seguir usándolos.
< Hija, qué antigua eres. ¿Por qué no te compras otros?
> ¡Hay que ver! Te   toda la noche hablando de tus cosas y no me has dejado decir ni «mu».

< ¿Toda la noche? Si la fiesta sólo ░░░░░░░ dos horas.

> ¡Y menos mal! ░░░░░░░ hora y media mirando el reloj para ver si se acababa.

< Lo siento. ░░░░░░░ mucho en llegar porque he perdido el autobús.

> Vale, pero que no vuelva a ocurrir. ░░░░░░░ cuarenta y cinco minutos esperando y eso no me gusta nada.

C) Y para completar, te ofrecemos algunas frases en las que aparecen otros significados que puede tener el verbo LLEVAR. Vuelve a escribirlas, usando los sinónimos del cuadro. Haz los cambios que creas oportunos.

Conducir (2)	Acompañar	Usar	Trasladar
Tener	Dirigir (hasta meter)	Incitar, hacer que	

— *La mujer nos **llevó** a la habitación del primero y nos la enseñó.*

— *Mi madre se sentó en la cama mirando la maleta de cartón que **se había llevado** mi hermana a la luna de miel.*

— *Cuando habló con mi hermana de «traernos al padre», yo no había entendido muy bien cómo nos lo **llevaríamos** en el tren de vuelta.*

— *Yo me preguntaba qué misteriosa razón lo **había llevado** a dejar su Andalucía para acabar tirado en un monte del norte.*

— *A las nueve nos fuimos a la Guardia Civil y nos **llevaron** al Juzgado de Salamanca. Tardamos más de dos horas.*

— *Aquilino, el vecino, nos* **llevó** *a casa en su camión.*

— *Los muros de las casas del pueblo amanecieron un día llenos de fotos de gente nueva. Todos* **llevaban** *debajo unas letras como las que yo había visto en Salamanca.*

— *Ramón decía que Jacinto* **había llevado** *las cabras a su huerta y le habían comido los brotes de repollo.*

③ ¡Uno de pasados! Nos han pedido un resumen de una parte de la novela para hacer un cortometraje, pero —¡horror!— un virus llamado *FAGOVERB* se ha comido todos los verbos. ¿Podrías ayudarnos? Seguro que con lo que has leído puedes completar el resumen:

Un día _____ a Salamanca porque _____ a su madre para reconocer el cuerpo de un hombre que _____ en la Sierra de Gata. El padre _____ en los setenta cuando todo el mundo _____ de fiesta para celebrar que Franco _____.

El viaje no _____ como los de ahora, pues _____ un día entero. Por fin _____ a una pensión muy acogedora, cuya dueña _____ una mujer mayor y un poco gordita. _____ muy amable. Esa noche _____ y _____ y después la madre _____ dormida rápidamente. El niño _____ casi toda la noche pensando en su padre mientras _____ por la ventana.

Al día siguiente, cuando la madre _____ a reconocer el cuerpo, el niño _____ con una señora muy amable que le _____ papel y lápiz y le _____ que _____ su pueblo. El niño _____ nervioso porque no _____ qué dibujar. Tras el reconocimiento, _____ al pueblo y todo _____ diferente. El ambiente _____ día a día porque _____ cerca las primeras elecciones democráticas que _____ por fin con las dos Españas.

4 A continuación tienes una lista de elementos de la novela que pertenecen a diferentes momentos del pasado de Marcelino.

Sierra de Gata	Reconocer al padre	Casa de las Conchas	Regalo del perro
Furgoneta	Adolfo Suárez	Gritos por la noche	Plaza Mayor
Campana nueva	Sopa de ajos	Vino	Franco
Santiago Carrillo	Sequía	Nuevo cura	Dibujo del pueblo
Chupa-chups	La Pasionaria	Ropa de luto	Maleta de cartón
Olor a tabaco	Botellas por el suelo	Reforma política	Ganar veinte duros
Leche caliente	Funeraria	Libertad	Desaparición del perro
Chorizo y pimientos	Cumpleaños		Parto

A) Ordénalos cronológicamente y explica por qué.

Ejemplo: *La Sierra de Gata pertenece al pasado inmediatamente anterior al viaje porque fue allí donde encontraron el cuerpo muerto del padre...*

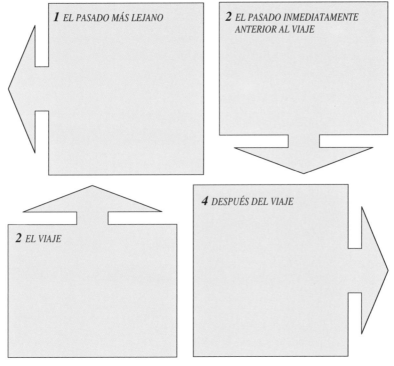

1 *EL PASADO MÁS LEJANO*

2 *EL PASADO INMEDIATAMENTE ANTERIOR AL VIAJE*

4 *DESPUÉS DEL VIAJE*

2 *EL VIAJE*

B) ¿Qué etapa de las que tú has clasificado te parece más feliz para la gente? ¿Y para Marcelino? ¿Por qué?

⑤ A veces la escritora usa expresiones, giros coloquiales o frases hechas.

A) Recoge todos los ejemplos que te parezcan propios del lenguaje coloquial aunque no estén en los diálogos:

Los que están en los diálogos	Los que están en la narración
Oiga	*El caso es que*

B) ¿Por qué piensas que usa estos elementos en la narración?

C) Intenta cambiar las frases donde aparecen utilizando otros elementos menos coloquiales.

D) Entre ellos te has encontrado con «*No había entendido muy bien cómo nos lo llevaríamos en el tren de vuelta con lo que abulta un cadáver*», «*...y eso que llevaban más de dos años sin saludarse*».

RECUERDA QUE:

CON LO + FRASE: — *Tenemos que salir hoy con él. Con lo que habla...* — *Con lo que me falta por hacer, creo que no puedo salir hoy.* **CON + sustantivo + frase introducida por QUE:** — *No hay nada de comer, con el hambre que tengo.* — *Con el sueño que tengo no voy a quedarme a ver la película.* **CON LO + adjetivo + frase introducida por QUE:** — *Tengo que seguir trabajando, con lo cansado que estoy.* — *Con lo flojo que es, no creo que haga la comida.*	***Y ESO QUE:*** equivalente a *aunque, a pesar de que...* — *No voy a comer, y eso que tengo un hambre...*
En todos los casos puedes observar que se recrimina lo dicho anteriormente o se presenta como algo no querido. A veces equivale a una estructura concesiva (*aunque...*) y otras a una frase causal (*porque...*).	

Practica con los siguientes diálogos.

COMPLETA (usa las indicaciones entre paréntesis)	SUSTITUYE Y TRANSFORMA
> Oye, me vas a dejar sin agua, _____ (*tener mucha sed*). < Vale, hombre, ya no bebo más.	(Dos horas después) > Hay que ver cómo se ha puesto Juan. **Aunque** normalmente es muy amable. < Sí, es que últimamente está muy nervioso.
> ¿Cuándo hace la Comunión tu hijo? < Dentro de dos semanas. > ¿Y ya tiene el traje? < Sí, pero _____ (*crecer mucho*), no le va a quedar bien.	(El día de la Comunión) > ¡Anda, mira! Le queda bien el traje, **aunque** tú decías que no. < Sí, menos mal, porque estas cosas cuestan carísimas.
> ¡Anda! Friega los platos. < ¡(*Estar cansado*) _____ me vas a pedir eso!	(Minutos después) > ¿Adónde vas? < A tomar una copa. > ¿Que te vas a la calle? Ya, ya. **A pesar de que** estabas muy cansado para fregar los platos, ¿eh?
> ¡Oye! ¿Sabes lo que me ha pasado hoy? Pues estaba en la clase con mis compañeros y… < ¡Mira! No te pongas a contarme esas cosas _____ (*tener que estudiar mucho*). > Vale, vale, ya no te molesto más.	(Más tarde) > ¿Qué estás haciendo? < Pues encendiendo la tele para ver una película. > ¡Ah! ¡Una película! **A pesar de que** hace un ratito tenías tanto que estudiar…
> Ahora tienes el examen, ¿no? < Sí, pero _____ (*estar nerviosa*), creo que voy a suspender.	(Días después) > ¡He aprobado el examen de matemáticas! < Ves, mujer. **Aunque** tú no parabas de decir que ibas a suspender. Siempre estás igual.
> Oye, tu marido se conserva muy bien. Hay que ver qué buen tipo tiene. < Sí, y no hace nada. Yo, todo el día a régimen y nada, no adelgazo ni un gramo, y él nunca engorda, _____ (*comer mucho*).	(Dos meses después) > María, ¡qué delgada estás! < Sí, estoy haciendo un régimen increíble porque como de todo y pierdo kilos. < ¡Anda! **A pesar de que** decías que no adelgazabas.

6 Te recordamos algunas frases que has leído: «*mi hermana se encontraba en los últimos meses de embarazo*», «*la dueña de la pensión, una mujer entrada en años y en carnes*», «*Franco ya estaba en las últimas*». Son formas curiosas de decir que una persona *está embarazada, está gorda y es mayor*, o *se está muriendo*. Los eufemismos son palabras que se usan para sustituir los ta-

búes, palabras que por razones (políticas, sexuales, religiosas, sociales…) resultan poco elegantes, malsonantes o molestas.

A) Aquí tienes algunos eufemismos. Intenta descubrir cuál es el tabú. Puedes usar el diccionario o preguntar a tu profesor.

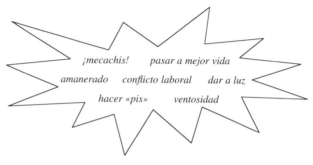

¡mecachis!   pasar a mejor vida

amanerado   conflicto laboral   dar a luz

hacer «pis»   ventosidad

B) Une cada eufemismo con su tabú:

Tabú	Eufemismo
1. *borrachera*	a. *minusválido, impedido*
2. *imbécil*	b. *retrete*
3. *parir*	c. *estar entrado en carnes*
4. *preñez*	d. *castaña, tablón, trompa*
5. *sirvienta*	e. *corto de luces*
6. *viejo*	f. *estar en cinta, en estado*
7. *cojo, manco…*	g. *muchacha, doncella, asistenta*
8. *negro*	h. *dar a luz*
9. *servicio, excusado*	i. *ir a mejor vida, estar en las últimas*
10. *morir*	j. *de color*
11. *gordo*	k. *estar entrado en años*

C) Ahora crea tú los eufemismos con los siguientes tabúes. ¿Cómo los dirías?

Tabú	Eufemismo
1. *pedo*	a.
2. *mear*	b.
3. *cagar*	c.
4. *despido*	d.
5. *bajada de sueldo*	e.
6. *vomitar*	f.
7. *asesinar*	g.

Piensa si en tu lengua ocurre lo mismo. ¿Son tabúes las mismas palabras? Intenta traducir algunos al español.

Cultura y debate

1 En este capítulo hemos podido leer un momento histórico importante visto por un niño.

A) Recoge las frases que manifiestan esa visión.

B) Lee el siguiente texto literario, que también habla de una etapa de la historia española muy significativa.

> Mi padre era republicano. Mi madre, no. Quiero decir que mi madre era de misa diaria y los republicanos aparecían como enemigos de la Iglesia (…)
>
> Algo extraño estaba sucediendo. Todo el mundo parecía tener prisa, pero no se movía. Los que miraban hacia delante, se daban la vuelta. Los que miraban para la derecha, giraban hacia la izquierda. (…)
>
> Oí el estruendo de una moto solitaria. Era un guardia con una bandera sujeta en el asiento de atrás. (…) Gritó: «¡Arriba España!». (…) Las madres empezaron a llamar a sus hijos. En casa, parecía que la abuela se hubiese muerto otra vez. Mi padre amontonaba colillas en el cenicero y mi madre lloraba y hacía cosas sin sentido, como abrir el grifo del agua y lavar los platos limpios y guardar los sucios.
>
> Llamaron a la puerta y mis padres miraron el pomo con desazón. Era Amelia: «¿Sabéis lo que está pasando? En Coruña, los militares han declarado el estado de guerra». (…)
>
> Al día siguiente no me dejaron salir a la calle. Yo miraba por la ventana y todos los que pasaban me parecían sombras encogidas, como si de repente hubiese llegado el invierno y el viento arrastrase a los gorriones de la Alameda como hojas secas. (…)
>
> Fue mi madre la que tomó la iniciativa durante aquellos días. Una mañana hizo que mi padre se arreglara bien y lo llevó con ella a misa. Cuando regresaron, me dijo:
>
> —Venga, Moncho, vas a venir con nosotros a la Alameda (…) Recuerda esto, Moncho. Papá no era republicano. Papá no era amigo del alcalde. Papá no hablaba mal de los curas. Y otra cosa muy importante, Moncho. Papá no le regaló un traje al maestro.
>
> —Sí que se lo regaló.
>
> —No, Moncho. No se lo regaló. ¿Has entendido bien? ¡No se lo regaló! (…)
>
> Había mucha gente en la Alameda, toda con ropa de domingo (…) Dos filas de soldados abrían un pasillo desde la escalinata del ayuntamiento hasta unos camiones con remolque entoldado, como los que se usaban para transportar el ganado en la feria grande. Pero en la Alameda no había el bullicio de las ferias, sino un silencio grave, de Semana Santa. La gente no se saludaba. Ni siquiera parecían reconocerse los unos a los otros. (…)
>
> De la boca oscura del edificio, escoltados por otros guardias, salieron los detenidos. (…) Poco a poco, de la multitud fue saliendo un murmullo:
>
> —¡Traidores! ¡Criminales! ¡Rojos!
>
> —Grita tú también, Ramón, por lo que más quieras, ¡grita! (…)
>
> Y entonces oí cómo mi padre decía:
>
> —¡Traidores! (…) ¡Criminales! ¡Rojos! (…) ¡Cabrón! ¡Hijo de mala madre!
>
> Nunca le había oído llamar eso a nadie, ni siquiera al árbitro en el campo de fútbol.
>
> MANUEL RIVAS, *La lengua de las mariposas*

C)

> ❖ *Compara el texto con la visión que aparece en la novela.*
> ❖ *¿En qué se basan los niños para analizar los cambios?*
> ❖ *¿Qué relación existe entre su valoración y la realidad?*
> ❖ *¿Qué momento te parece más trágico?*
> ❖ *¿A qué época de la historia de España piensas que pertenece cada texto?*
> ❖ *— Comenta algunos hechos históricos importantes que oíste cuando eras pequeño.*
>   *— Intenta recordar cómo los interpretabas tú cuando eras niño. ¿Había alguna diferencia con la realidad?*
>   *— ¿Hay otras cosas que pensabas que se explicaban de forma diferente a como las explicas ahora? Coméntalas con tus compañeros.*

2 Lee los siguientes textos y escribe en las dos columnas los elementos y características que aparecen en ellos y en la novela de las dos Españas, la nacionalista y la republicana. Coméntalos después con tus compañeros.

1 *En España no habrá nunca una dictadura perfecta al estilo de la de Hitler, que funciona como un reloj. ¿Y sabes por qué, cabo? Por culpa de las mujeres. Las mujeres. En España la mitad de las mujeres son putas y la otra mitad, monjas.*

Inspector Arias, nacionalista,
personaje de *El lápiz del carpintero*,
de MANUEL RIVAS

2 *Ya hay un español que quiere
vivir y a vivir empieza
entre una España que muere
y otra España que bosteza.
Españolito que vienes
al mundo, te guarde Dios.
Una de las dos Españas
ha de helarte el corazón*

ANTONIO MACHADO

3 *Los presos políticos funcionaban como una especie de comuna. Personas que no se hablaban en la calle, que se tenían verdadero odio, como los anarquistas y los comunistas, se ayudaban dentro de la cárcel. Llegaron a editar juntos una hoja clandestina que se llamaba* Bungalow. *Los viejos republicanos (...) hacían las veces de consejo de ancianos para resolver conflictos y querellas entre los internos.*

MANUEL RIVAS,
El lápiz del carpintero

4 *«Aquél fue para mí un acto lleno de sentimientos complejos. Allí estaba gente que, como yo, había salido del régimen anterior, gente de más edad que yo que incluso había participado en la guerra civil en el lado de Franco y en el lado contrario, gente que venía, por lo tanto, de la "otra España", como Santiago Carrillo, como Dolores Ibárruri, como muchos más. Aquélla era una escena con la que ¡cuánto habríamos soñado muchos españoles durante mucho tiempo! (...): una escena como aquella en la que, sin renunciar ninguno a sus ideas, todos puedan ejercer su derecho a expresarlas, independientemente del respaldo popular que obtengan».*

ADOLFO SUÁREZ, primer Presidente del Gobierno democrático, habla sobre las primeras Cortes democráticas, en julio de 1977

5 *¿Por qué cree usted que estoy aquí? No soy una mística. Lucho contra el sufrimiento, el sufrimiento que ustedes, los héroes de uno y otro lado, causan a la gente corriente.*

Personaje de
El lápiz del carpintero,
de MANUEL RIVAS

6 *«El primero de abril de 1939 Franco firmó el parte de la victoria. Hoy celebramos la victoria de Dios», dijo el capellán en la homilía de misa solemne celebrada en el patio. Y no lo dijo con especial altanería, sino como quien constata la ley de la gravedad. Ese día había guardias dispuestos entre las filas de los reclusos. Habían acudido muchas autoridades y el director no quería sorpresas desagradables, amotinamientos de risa o tos como ya había ocurrido cuando algún predicador echaba miel en la herida, bendecía la guerra que llamaba cruzada y los instaba al arrepentimiento (…) El capellán leyó el telegrama que el Papa Pío XII acababa de enviarle a Franco el 31 de marzo: «Alzando nuestro corazón a Dios, damos sinceras gracias a Su Excelencia por la victoria de la Católica España» (…)*

Al acabar la ceremonia, el director lanzó las consignas de rigor: «¡España!», y solamente se escucharon las voces de autoridades y guardias: «¡Una!» «¡España!». Los presos seguían en silencio. Gritaron los mismos: «¡Grande!». «¡España!» Y entonces atronó toda la prisión: «¡Libre!».

MANUEL RIVAS, *El lápiz del carpintero*
(Madrid, Alfaguara, 1999)

España republicana	*España nacionalista*
Ej.: *No había homogeneidad dentro del mismo bando* (texto 3)	*Era partidaria de Franco* (texto 4)

❸ Aquí tienes una foto de la fachada de La Casa de las Conchas y otra de Salamanca.

Como ves, es muy raro que haya conchas cerca de esta ciudad.

A) Inventa diferentes teorías para explicar cómo han llegado hasta allí las
conchas.

B) Entre todos elegid las que os parezcan más verosímiles y después com-
paradlas con la verdadera.

Expresión escrita

«Me entró un pánico repentino, pensando qué podría yo dibujarle a esta señora tan amable que le pareciera bonito y, de repente, mi pueblo, mi mundo me pareció triste, común y pobre. Le dibujé la iglesia, nuestra casa, "Curro" y las gallinas, mi hermana en estado y una campana enorme al lado del señor cura que le echaba encima todo el cubo de agua que habíamos sacado del pozo».

Imagina que tú tienes que dibujar tu pueblo o tu ciudad. Describe lo que incluirías. No tienes por qué ser realista. Puedes «dibujar», como Marcelino, algo que te impresionara en algún momento o que recuerdes especialmente.

Comprensión lectora

1 ¿Verdadero o falso? Justifica tu respuesta.

Ejemplo: *Margarita Carrascal es la mujer de Marcelino.* → Falso. Marcelino y ella tienen una relación laboral.

— *Miguel sigue viviendo en el pueblo y es cabrero.*

— *Marcelino no queda con Miguel porque está muy ocupado.*

— *Eduardo es un antiguo amigo que hizo el servicio militar con Marcelino.*

— *Para quedar con Eduardo, Marcelino tiene que anular la cita con Margarita.*

2 ¿Podrías contar lo que recuerdes de Miguel (ideología, familia, trabajo, etc.) a través de las reflexiones de Marcelino?

3 ¿Qué estudios tiene Marcelino? ¿Cómo decidió lo que iba a ser?

4 ¿Por qué quiere ver Eduardo Vázquez a Marcelino?

⑤ ¿Qué actitud tiene Marcelino ante su padre en la conversación telefónica con Eduardo Vázquez? ¿Mantiene esa actitud hasta el final de la conversación? ¿Por qué?

⑥ Al final de esta segunda parte, cuando Marcelino está pensando, tiene una actitud un poco contradictoria. ¿Puedes comentar por qué? ¿Qué piensas tú? ¿Estás de acuerdo con él?

⑦ En este capítulo se mezclan el pasado y el presente de Marcelino. ¿Qué título le pondrías a cada etapa según lo que se cuenta?

Gramática y vocabulario

❶ A continuación recogemos unas frases sacadas de la primera parte de la novela. En todas ellas hay una estructura gramatical especial: la perífrasis (*haber de* + infinitivo, *andar* + gerundio, *dar por* + participio, etc.).

A) Elige la frase sinónima:

— *El pueblo **acababa de estrenar campana nueva.***
   a) *dejó de usar la campana nueva.*
   b) *estrenó una campana recién comprada.*
   c) *no quería usar la campana nueva.*

— *Otra vez una de esas eternas discusiones entre ellos, en las que **él siempre acababa por irse al bar.***
   a) *mi padre dejaba de ir al bar.*
   b) *mi padre le permitía a mi madre irse al bar.*
   c) *se iba al bar.*

1 — *Y **no dejen de tomar un vasito de tinto**, que lo hacemos en casa.*

    a) *no tomen un vasito de vino.*

    b) *no permitan que se tomen un vasito de vino.*

    c) *tomen un vasito de vino.*

— *Qué misteriosa razón lo habría llevado a dejar su Andalucía para **acabar tirado en un monte del norte**.*

    a) *terminar tirado en un monte del norte.*

    b) *empezar a tirarse en un monte del norte.*

    c) *dejar de tirarse en un monte del norte.*

— *Los vecinos discutían todos los días de las mejoras que **habría que realizar en el pueblo**.*

    a) *habrían de realizar en el pueblo.*

    b) *habrían que hacer en el pueblo.*

    c) *tendrían realizadas en el pueblo.*

— ***Debía de ser alguien muy importante** para que todos estuvieran tan contentos.*

    a) *Probablemente era alguien muy importante.*

    b) *Era necesario que fuese alguien muy importante.*

    c) *Seguro que era alguien muy importante.*

B)   Ahora busca tú ejemplos de estructuras similares en la segunda parte.

C)   Intenta agrupar todos los casos que hayas encontrado y los de la primera parte según su significado:

Acción terminada recientemente	*Acción que in-dica conclu-sión o final*	*Obligación*	*Duración*	*Posibilidad*	*Invitación a la acción*
–El pueblo acababa de estrenar cam-pana nueva					

2 Ya sabes que hay muchos verbos que poseen diferentes significados según se usen con **se** o sin **se**: llamar/llamarse, pasar/pasarse, etc. En esta segunda parte hay muchos de ellos y aparecen con más de un significado:

> *pasar, llamar, quedar, ver, criar, pegar, perder, correr, dejar, llevar, ofrecer, hacer, temer, presentar, creer, tocar, volver*

A) Búscalos en esta sopa de letras en infinitivo. Verás como los encuentras todos:

C	P	N	K	P	T	B	L	V	W	R
V	O	A	R	A	V	E	L	L	M	A
O	O	R	S	R	A	O	A	F	G	T
F	A	L	R	A	P	H	M	A	O	N
R	O	F	V	E	R	T	A	Y	I	E
E	R	S	R	E	R	C	R	C	T	S
C	D	D	E	P	R	R	R	V	E	E
E	E	Q	U	E	D	A	R	E	M	R
R	J	X	D	G	B	I	W	S	E	P
W	A	R	G	A	F	R	E	T	R	R
A	R	S	S	R	F	C	G	H	J	K
T	E	V	R	S	I	J	K	L	M	N
S	D	R	A	C	O	T	T	Y	U	Ñ

B) Ahora recoge los ejemplos que haya en el texto y todos los significados que encuentres de cada uno. Anótalos en la siguiente tabla. Si recuerdas otros significados que no estén en el texto, puedes escribirlos también en la columna.

Verbo	Ejemplos	Significado
PASAR	— *Pásamelo* — *Pasaba mucho tiempo en los bares* — *Han pasado tantos años* — *La de cosas que han pasado desde entonces, etc.*	PASAR: poner al teléfono a alguien / estar / transcurrir / ocurrir / ir a un lugar/ atravesar / entrar… PASARSE: excederse.

3 Vamos a repasar los usos del futuro y del condicional. Ya sabes que también pueden expresar probabilidad, crítica o sorpresa, cortesía, etc. Transforma las siguientes frases sacadas de esta segunda parte. Puedes utilizar los métodos que quieras: alargar la frase, modificar palabras, introducir expresiones coloquiales… Pero intenta que no pierdan el significado que poseen. Si alguna de ellas no las puedes cambiar, explica por qué.

Ejemplo:

¿Podrías mirar si tengo un almuerzo libre la semana que viene?
¿Me haces el favor de mirar si tengo un almuerzo libre la semana que viene?

> *¿Cómo estás?*
< *Pues podría estar mejor.*

— *Me temo que nos iremos a la calle sin ver un duro.*

— *El Comité de Empresa te habrá dicho lo que sea, pero el caso es que esta mañana han presentado suspensión de pagos.*

— *Yo me pasaré mañana por la mañana.*

— *Tu padre lo habría querido así.*

— *La bofetada que siguió marcaría para siempre el final de mi adolescencia.*

— *¿Qué sabrás tú de la vida?*

— *Algún día debería venir un buen médico a este pueblo.*

— *No estaría mal que alguien de esta familia trabajara para defender los derechos de los más débiles.*

— *Ingresé en la Complutense, de la que saldría seis años más tarde.*

— *Me esperaré algo más.*

— *Iré yo a Granada.*

— *¿Qué estará pasando?*

— *Dentro de poco habremos perdido nuestra identidad.*

— *¿Existirá algún día una alegría virtual? ¿Se podrá expresar en pantalla el olor de la tortilla de patatas? ¿Dará lo mismo el olor de la hierba mojada? ¿Estaremos tod@s reducid@s a una extensión? ¿Se limitará nuestra historia a los escándalos políticos internacionales?*

4 Estas expresiones aparecen en la novela.

A) Busca los ejemplos exactos y cópialos a continuación. Une cada expresión con su significado. Seguro que te ayuda el contexto en el que está en la novela.

Expresión	Ejemplo	Explicación
a) Vivir del cuento.	*El resto, viviendo del cuento.*	1. Presumir de algo.
b) Dárselas de algo.		2. Tener una buena relación con alguien o darle buena impresión.
c) Ir viento en popa.		3. No acudir a una cita.
d) Caerle bien alguien.		4. No ser una situación oportuna para realizar algo.
e) No estar el horno para bollos.		5. Vivir sin trabajar, a costa de los demás.
f) Dejar plantado.		6. Tener la sensación de que algo o alguien se conoce ya.
g) Subírsele la sangre a la cabeza.		7. Funcionar o ir algo bien, con éxito.
h) Sonarle algo o alguien.		8. Sentir sorpresa, vergüenza o enfado por algo.

B) Aquí tienes otras expresiones. Algunas están relacionadas con las de arriba (sinónimas, contrarias, por la estructura…). Dinos cuáles. Comenta en qué situaciones podrías usarlas o si existe alguna expresión parecida en tu lengua. Si es así, intenta traducirla al español.

- ◆ Vivir de las rentas.
- ◆ Ponerse como un tomate.
- ◆ Estar como unas castañuelas.
- ◆ Ir a la deriva.
- ◆ Dar plantón.
- ◆ Caerle algo como un jarro de agua fría.
- ◆ Estar como una regadera.
- ◆ No tenerlas todas consigo.
- ◆ Caer alguien gordo.

C) Completa los siguientes diálogos con algunas de ellas. Si puedes usar más de una, explica la posible diferencia de significado.

> Felipe es muy tímido, ¿verdad?
< Sí, cuando le preguntan algo en clase ⬚⬚⬚⬚
> ¡Qué lástima!
< Pues a mí no me da lástima. No me gusta, no sé por qué, pero ⬚⬚⬚
⬚⬚

> ¿Y tu negocio? ¿Cómo va?
< ⬚⬚⬚ Lo vamos a cerrar dentro de poco si la situación no mejora.
< ¡Vaya, hombre! Lo siento.
> Oye, ¿quedamos esta noche?
< No sé, no me fío de ti después de lo de ayer. Estuve esperándote tres horas.
> Ya, pero te juro que hoy ⬚⬚⬚
< Bueno, a ver.

> ¿Y tu prima? ¿Sigue teniendo tanta suerte como siempre?
< Pues no te creas. Últimamente ⬚⬚⬚ consigo. Siempre tiene algún problemilla.
> ¡Vaya! Con lo afortunada que ha sido siempre.

> Creo que los jóvenes de hoy no tienen arreglo. No quieren hacer nada.
< Bueno, pero es que tampoco tienen muchas posibilidades.

> Sí, pero ellos tampoco hacen nada por solucionarlo. Creo que a ellos
les gusta

5 Ya conoces el verbo GUSTAR y lo difícil que resulta usarlo en español si intentamos traducirlo de otras lenguas.

A) Vamos a practicar con estructuras semejantes. Te ofrecemos los ejemplos de la primera parte de la novela. Cuéntanos lo mismo en estilo indirecto libre. Haz los cambios que creas oportunos para que no se pierda nada del argumento.

Ejemplo: *Sin darse cuenta de que lo que menos nos apetecía en ese momento era que ese vino de la señora Pilar levantara a un muerto.*

Marcelino dijo que la señora Pilar no se había dado cuenta de que en aquel momento lo que menos les apetecía era que aquel vino levantara a un muerto.

— *La vida se me antojaba muchísimo más alegre.*
— *Me entró un pánico repentino.*
— *Qué podría yo dibujarle a esa señora tan amable que le pareciera bonito.*
— *Me empezaba a caer bien el señor de la nariz grande que se llamaba Adolfo.*
— *Me importaba bien poco quién era ese señor.*

B) Ahora los de la segunda parte. Pero hemos cometido errores al escribirlos. ¿Puedes arreglarlos tú?

— *Te el libre queda martes del almuerzo.*

— *¿Parece qué te?*

— *Le razones no faltaron.*

— *Fácil ser mientras le luchábamos él contra resultó rojo todos.*

— *Que trabajar ponerse hubo ya le más costó eso y a.*

— *Cacerías en participó caerle para bien suegra su a.*

— *Mili irme me tocado a la habría.*

— *Tanto sorprendió su que anonadado quedé me actitud me.*

— *Alternativa cabía otra no.*

— *Nombre le mi no suena.*

— *Si Málaga parece qué encontramos nos le en.*

— *Libre nada no queda te.*

— *¿Viernes le parece qué el?*

— *¿Viene once las sobre le bien?*

C) Aquí tienes todos los verbos que han salido. Escribe frases del mismo tipo con cada uno (en singular y en plural).

    — *APETECER:* Ej.: *Me apetece tomar un helado; ¿Te apetecen unas patatas fritas?*

    — *ANTOJÁRSELE:*

    — *ENTRAR (pánico, ganas, frío...):*

    — *PARECER:*

    — *CAER (bien o mal):*

    — *IMPORTAR:*

    — *QUEDAR:*

    — *FALTAR:*

    — *RESULTAR (fácil, difícil, interesante...):*

— *COSTAR:* ▬▬▬▬▬▬▬▬▬▬▬▬▬▬▬▬

— *TOCAR:* ▬▬▬▬▬▬▬▬▬▬▬▬▬▬▬▬

— *SORPRENDER:* ▬▬▬▬▬▬▬▬▬▬▬▬

— *CABER:* ▬▬▬▬▬▬▬▬▬▬▬▬▬▬▬▬

— *SONAR:* ▬▬▬▬▬▬▬▬▬▬▬▬▬▬▬

— *VENIR (bien, mal):* ▬▬▬▬▬▬▬▬▬▬

Cultura y debate

❶ «*Pero bueno, también salimos airosos de ésa. Y luego Felipe y ahora estamos en la cabeza de Europa. Y todo eso, señores, en veinticinco años*» (Segunda parte).

A) En grupos, pensad qué significa estar en la cabeza de Europa en cada uno de los siguientes apartados que os sugerimos. Anotad vuestras sugerencias por orden de importancia.

ESTAR A LA CABEZA DE EUROPA SIGNIFICA...	
En ecología	*En tradiciones*
En la familia	*En la gastronomía*
En el sector económico (industria, agricultura...)	*En la vida cotidiana*

B) Ahora podéis analizar y comentar las diferencias.

❷ La madre de Marcelino le da una sola opción a la hora de elegir sus estudios: o Medicina o Derecho.

A) ¿Cuáles piensas que serían las carreras más elegidas por estas dos generaciones? Intenta escribirlas por orden.

Personas nacidas entre 1930-1970	Personas nacidas desde 1971 hasta ahora
1.º	1.º
2.º	2.º
3.º	3.º
(...)	(...)

B) Aquí tienes un documento curioso sacado de la *Revista Y de la Sección femenina,* de 1941, y acorde con las ideas del régimen franquista:

CARRERAS PARA LA MUJER

La verdadera carrera de la mujer es la de madre de familia. Estamos de acuerdo que es a la que deben todas aspirar, exceptuando un escaso número que otras vocaciones más sublimes pueden acaparar.

Sin embargo, «la mujer propone y Dios, y hasta alguna vez los hombres, disponen», y así hay, aunque no sean más que etapas en la vida, algunas que necesitan de su trabajo para vivir.

Para estos casos y para ayudar a nuestras lectoras, damos aquí estos detalles sobre las diversas profesiones más a propósito para ser ejercidas por las mujeres según la vocación de cada una:

— SECRETARIA.
— MODISTA.
— COMISIONISTA O REPRESENTANTE.
— INSTITUTRIZ.
— MAESTRA.
— PRACTICANTE.
— INSTITUTOS DE BELLEZA.
— TELEFONISTA.
— CARRERA UNIVERSITARIA: las más indicadas para la mujer son Filosofía y Letras y Farmacia.

LUIS OTERO, *Mi mamá me mima* (Plaza & Janés, Barcelona, 1999)

— Comparad con la realidad.
— Imaginad que tenéis que hacer un documento parecido para una revista actual. ¿Qué argumentos usaríais como introducción? ¿Haríais una selección de carreras?

Expresión escrita y debate

El protagonista reflexiona sobre el futuro y sobre los aspectos negativos que puede tener la globalización. Tanto le preocupan estos hechos que los compara con los molinos que Don Quijote veía como gigantes.

A) ¿Cuáles crees que son esos gigantes teniendo en cuenta este último párrafo de la novela? Anótalos en la siguiente tabla según pienses que sean positivos o negativos.

B) ¿Coinciden los gigantes de Marcelino con los tuyos? Añade los distintos a la tabla. Después argumenta tu decisión.

Ejemplo: La pérdida de identidad: «*Estoy de acuerdo con el protagonista en que esto no es bueno porque...*».

Gigante negativo particular: «*Mi gran gigante es el paro. Conseguir un empleo se está convirtiendo en una difícil tarea, en una pesadilla que, por desgracia, no siempre termina en un buen despertar...*».

Gigante positivo particular: «*Creo que la comunicación es un gigante bueno porque gracias a ella hay más comprensión y...*».

Gigantes generales		Tus gigantes particulares	
+	–	+	–
La tolerancia	Pérdida de la identidad	La facilidad de comunicación	El paro

Comprensión lectora

1 ¿Verdadero o falso? Justifica tu respuesta.

Ejemplo: *Eduardo Vázquez vive en Granada* → Verdadero.

— *Eduardo Vázquez no tiene una buena opinión de las mujeres.*

— *Miguel es peón albañil en una obra.*

— *La mujer de Marcelino está relacionada con la enseñanza.*

— *A Marcelino le gustan los bares de carretera.*

— *El conflicto laboral ya se ha solucionado.*

2 Compara la impresión que le da Miguel a Marcelino con la que se lleva cuando ve a Eduardo Vázquez.

3 ¿Qué tiene Miguel para Marcelino? ¿Y Eduardo? ¿De dónde lo han sacado? ¿Hay alguna relación entre esas cosas?

4 ¿Ha cambiado en algo la actitud de Marcelino respecto a algún miembro de su familia? ¿Por qué?

⑤ ¿Por qué Eduardo Vázquez ha esperado tanto tiempo para hacer lo que tenía que hacer?

⑥ ¿Por qué piensas que Eduardo Vázquez le dice a Marcelino que su padre estaría orgulloso de él? ¿Tiene alguna relación este hecho con las preferencias de su madre sobre la carrera que debía estudiar?

⑦ Habla un poco sobre el padre de Marcelino: qué hacía, por qué lo perseguían, quiénes eran sus amigos…

Gramática y vocabulario

Te recogemos todos los casos en los que aparece la conjunción SI de la segunda parte.

A) Anótalos en el cuadro que te damos a continuación y transfórmalos en otras frases en las que quede más claro su valor (condicional, interrogativo, exclamativo). Si cambias los nexos, ten cuidado con la transformación de los verbos.

Ejemplos:
— *Pero si ya es muy tarde* → *¡Qué tardísimo es!*
— *¿Sabes si viene Juan hoy?* → *¿Viene Juan hoy?*
— *Iré contigo si me dejas tu coche* → *Iré contigo siempre que me dejes tu coche.*

— *¿Podrías mirar si tengo un almuerzo libre la semana que viene?*

— *Pero si mi padre no se preocupó nunca de nosotros.*

— *Pero si hace no sé cuánto tiempo que murió.*

— *Dígame lo que quiere y ya veré si puedo ayudarlo en algo.*

— *¿Qué le parece si nos encontramos en Málaga la semana que viene?*

— *Pero si llevas esperando más de un mes para que te reciba.*

— *Iré yo a Granada, si le parece.*

B) Busca los ejemplos de la tercera parte y escríbelos en la columna correspondiente.

SI = CONDICIONAL	
Ejemplo	**Transformación**

SI = EXCLAMATIVO	
Ejemplo	**Transformación**

SI = INTERROGATIVO	
Ejemplo	**Transformación**
¿Podrías mirar si tengo un almuerzo libre?	*¿Tengo libre algún almuerzo?*

2 «*No faltaría más*», «*¡Cuánto tiempo ha pasado!*», «*Deja que te explique*», «*Por lo visto*», «*Como lo oyes*», «*¿Qué es de tu vida?*», «*Pues lo dicho*», «*Perdona que te tutee*», son expresiones y elementos discursivos muy coloquiales que has podido encontrar en la novela.

A) Se usan para…

- ❖ INTERRUMPIR:
- ❖ ACEPTAR AMABLEMENTE:
- ❖ REACCIONAR ANTE ALGUIEN QUE NO VEMOS HACE MUCHO TIEMPO:
- ❖ EXPLICARSE:
- ❖ INSISTIR EN LA VERACIDAD DE LO AFIRMADO:
- ❖ DESPEDIRSE:

B) Seguro que también conoces los que te damos a continuación. Escríbelos en cada apartado.

¡Cuánto tiempo sin verte!	*Por supuesto*	*Como te iba diciendo*
Tal y como te lo digo	*Perdona, pero…*	*¡Cuánto hace que no nos vemos!*
Pues nada	*Como te lo estoy diciendo*	*Parece ser que*
Al parecer	*Claro que sí*	*A ver si nos vemos*
¿Cómo te va la vida?	*Me gustaría añadir algo*	*Pues a ver cuándo nos vemos*
Perdona que te interrumpa	*No faltaba más*	*Como lo estás oyendo*
Dichosos los ojos	*Me explico*	

C) Intentad usarlos por parejas en las siguientes situaciones. Cada uno de vosotros debe mirar sólo una tarjeta.

A	**B**
— Vas por la calle despistado. Te encuentras a un amigo. — Pregúntale por la familia, el trabajo… — Cuéntale algo curioso de otra persona. — Despídete.	— Ves a un amigo que hace mucho tiempo que no ves. — Invítalo a tu casa. — Interrumpe para contar algo. — Despídete.
— Manifiesta sorpresa por lo que te dicen. — Pide un favor a un amigo. — Insiste. Exagera lo mal que estás.	— Cuenta que te ha tocado la lotería. — Insiste en el hecho anterior. — Niégate a hacer favores pero explicándote. — Despídete.

3 A ver si eres un buen profesor. Vamos a practicar con las subordinadas sustantivas, pero tú vas a ser el profesor.

A) Aquí tienes todos los ejemplos de subordinadas sustantivas (con verbos de lengua, influencia, sentimiento…) que salen en la tercera parte. Explica por qué se usa indicativo o subjuntivo.

Ejemplo: *He pensado que era mejor que te diera esto* → Se usa indicativo en el verbo **ser** porque lo precede un verbo de lengua *(pensar)*. Se usa subjuntivo en **dar** porque depende de la estructura *ser mejor que.*

1. *No sé si habría sido buena idea dársela a ella.*
2. *Quería que las tuvieras tú.*
3. *Ahora entiendo mejor que mi madre me diera aquella bofetada.*
4. *Tu padre le decía siempre que Franco no duraría y que todo iría mejor.*
5. *Ya veo que te alegras un montón de verme.*
6. *Parece que el pasado vuelve a mí de una manera un tanto brutal.*
7. *El médico dice que se pondrá bien.*
8. *No sé qué pretenden los empresarios, no sé adónde vamos a llegar.*
9. *No creas que has dicho una tontería.*
10. *Lo que creo yo es que deberíamos llamarlas.*
11. *Perdona que te tutee.*
12. *Creo que no estaba preparado.*
13. *Tu madre incluso llegó a decir que tu padre la había abandonado.*
14. *Rápidamente nos dimos cuenta de que pensábamos igual.*
15. *Tu madre decía que trabajaba en Francia, en el campo, que no valía para otra cosa.*
16. *Decía que tenía una carta para mí.*
17. *Me había pedido que te la entregara si le pasaba algo.*
18. *Sé que haces un buen trabajo desde el sindicato.*
19. *No sé si ha merecido la pena.*
20. *Le decía que pocas veces las cosas son como las vemos.*

B) Busca ahora todos los ejemplos de subordinadas adverbiales *(cuando, si, para que, tanto…que,* etc.) y explícalos también.

4 ¡Más difícil todavía! Ya sabes que el infinitivo *(beber)*, el gerundio *(bebiendo)* y el participio *(bebido)* a veces se usan como equivalentes de oraciones complejas.

Ejemplo: *Anoche estuve con mis amigos en una exposición **inaugurada** el 3 de junio* → *Anoche estuve con mis amigos en una exposición **que fue inaugurada el 3 de junio**.*

A) Transforma las siguientes frases sacadas de la segunda parte:

— ***Una vez lograda** la tan anhelada democracia, hubo que ponerse a trabajar.*

— *Pasaba mucho tiempo en los bares **bebiendo** gin-tonic, que era más fino que beber tinto de verano.*

— *La ganadería de doña Elvira, **heredada** de su padre, iba viento en popa.*

— ***De no haber sido** por los tres iluminados y el pobre infeliz de Tejero.*

— *Acababa de cumplir los dieciocho años y me habría tocado irme a la mili, **de no ser** porque mi madre sacó un día una caja de galletas y me dijo...*

B) Y ahora vamos a buscar todas las formas posibles de decir lo mismo con los ejemplos de la tercera parte. A ver quién consigue mayor número de posibilidades:

— ***Al ver llegar** a Miguel, se ha sobresaltado.*

— ***Después de apartar** unas cuantas cartas atadas por un lazo que el paso del tiempo ha descolorido, examina los papeles.*

— *¿Desde cuándo no hablábamos así, **tomándonos** unos vinos?*

— *Todavía se adivina la nieve en Sierra Nevada y **al llegar** a Loja, Marcelino se para a tomar un café.*

— *Cuando tu padre salía corriendo de la casa por miedo a la policía, tu madre se ponía a llorar, **diciendo** que era un borracho empedernido.*

5 Marcelino está trabajando en un asunto relacionado con una fábrica y sus trabajadores. Vamos a practicar el vocabulario relacionado con este mundo.

A) Te ofrecemos algunas palabras y expresiones. Unas están más relacionadas con la empresa y otras con los trabajadores. Clasifícalas tú. Si piensas que alguna puede estar en los dos lados, explica por qué.

Jefe de Recursos Humanos (= Jefe de Personal)		Contrato	Suspensión de pagos	Despido
Desgravación	Comité de empresa	Reajuste de personal (= reducir plantilla)	Huelga	Aumento de sueldo (=incremento salarial)
Ocupar (tomar) la fábrica	Declaración de la renta	Sueldo base	Trienio	Nómina
Paro (= desempleo)	Hacienda	Currículum vitae	Invertir	Despido improcedente
Plantilla	Paga (= sueldo = salario)	Finiquito	Seguridad Social	Cotización
Horas extraordinarias (horas «extras»)	Contratar	Cobrar	Bancarrota	Reconversión

¿Cuáles han salido en la novela?

B) Completa estos diálogos usando algunas de ellas:

> ¿Qué tal? ¿Cómo va todo?
< Regular. Me he quedado en ▓▓▓▓▓▓▓▓
> ¿Por qué? ¿No estabas trabajando en una buena empresa?
< Sí, pero un día llegó el ▓▓▓▓▓▓▓ y reunió a toda ▓▓▓▓▓▓
   ▓▓▓▓ Empezó a darnos un discurso sobre los malos tiempos que estamos pasando, la crisis… Total, que tenían que hacer ▓▓▓▓▓▓
> ¿Y no os ofrecieron nada?
< Sí, pero ▓▓▓▓▓▓▓ era injusto e insuficiente. Nos pusimos en
   ▓▓▓▓▓▓ , pero nada. Al final estoy sin trabajo.
> Pero ▓▓▓▓▓▓ el paro, ¿no?
< Sí, sí. Aunque como mi ▓▓▓▓▓▓▓ era bajo, no es mucho. ¿Y tú qué tal?

> Pues voy al Ministerio de Hacienda a presentar ▓▓▓▓▓▓
Como siempre lo he dejado para el último día. Por cierto, ¿por qué no llevas tu ▓▓▓▓▓▓▓ a mi empresa? Están ▓▓▓▓▓▓▓ a mucha gente nueva.

< Pues mira, sí, voy a hacerlo mañana mismo.

C) Une las palabras de la primera columna con las de la segunda:

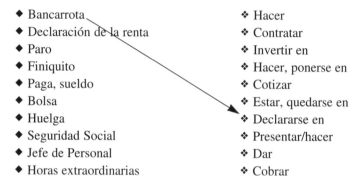

- ◆ Bancarrota
- ◆ Declaración de la renta
- ◆ Paro
- ◆ Finiquito
- ◆ Paga, sueldo
- ◆ Bolsa
- ◆ Huelga
- ◆ Seguridad Social
- ◆ Jefe de Personal
- ◆ Horas extraordinarias

- ❖ Hacer
- ❖ Contratar
- ❖ Invertir en
- ❖ Hacer, ponerse en
- ❖ Cotizar
- ❖ Estar, quedarse en
- ❖ Declararse en
- ❖ Presentar/hacer
- ❖ Dar
- ❖ Cobrar

D) ¿Cuáles de estas estructuras se suelen construir con artículo y cuáles no? Ejemplo: Declararse en bancarrota o declarar la bancarrota → Es posible usar las dos estructuras, pero es necesario cambiar el verbo. *Esa empresa **se declaró** en bancarrota. La empresa **declaró la** bancarrota.*

Cultura y debate

1 En esta parte se habla de un negocio muy práctico.

A) ¿Recuerdas cuál es?

B) Haz una lista de tareas de la casa, del trabajo, del colegio o de la universidad que te ocupan demasiado tiempo y que podrían hacer otros.

C) Leedlas en clase y comentad si existen ya pequeñas empresas que realizan ese trabajo. Si no existen, os proponemos que las creéis vosotros. Para ello pensad:

- ◆ ¿Qué necesitaríais?
- ◆ ¿Qué tipo de ayudas podríais pedir?
- ◆ Organización del trabajo.
- ◆ Número de personas que serían necesarias y labor que realizaría cada una.
- ◆ Campaña de publicidad: dónde, qué tipo de propaganda…
- ◆ Haced una página WEB de la empresa.

¡El negocio es vuestro! ¡Suerte!

2 En varios momentos has podido leer opiniones sobre las mujeres:

> *«Yo mismo he tardado años y años en contarles a mis hijos lo que había vivido. Sólo mi mujer estuvo siempre al corriente de lo que hacíamos. Tu madre también. ¡Vaya lo que han aguantado esas mujeres! En muchos casos estaban mal vistas por el resto del pueblo. Recuerdo que tu madre incluso llegó a decir que tu padre la había abandonado porque no quería que los hijos sufrieran las críticas de los vecinos del otro bando. Unas heroínas, sí señor».*
>
> EDUARDO VÁZQUEZ (tercera parte)

> *«Eran otros tiempos. Debes entenderlo, aunque tú eras muy niño para darte cuenta, claro. Tu madre sí que ha aguantado. Tu padre le decía siempre que Franco no duraría y que todo iría mejor después…, pero no tuvo tiempo de demostrárselo».*
>
> MIGUEL (tercera parte)

A)   Contrasta estas opiniones con las que aparecen en los siguientes textos:

> *Era un acto republicano en el que se debatía si las mujeres debían o no tener derecho a voto. Hoy nos parece raro, pero en aquellos tiempos era algo muy controvertido incluso entre las mujeres, ¿verdad? Y entonces se levantó [el doctor Da Barca, republicano activista] y contó aquella historia de la reina de las abejas (…). En la Antigüedad no se sabía cómo nacían las abejas. Los sabios, como Aristóteles, inventaron teorías disparatadas. Se decía, por ejemplo, que las abejas venían del vientre de los bueyes muertos. Y así durante siglos y siglos. Y todo esto, ¿sabe por qué? Porque no eran capaces de ver que el rey era una reina.*
>
> MANUEL RIVAS, *El lápiz del carpintero*

> *El hombre ha nacido para la paternidad física o espiritual, para suscitar, crear, mandar; la mujer, por el contrario, está orientada con todo su ser hacia la maternidad física o espiritual; a estimular, ayudar, sostener, alentar.*
>
> J. DUHR (jesuita), *El arte de las artes: educar a un niño* (Madrid, Ediciones Studium, 1954)

❖ Comentad cada una de estas opiniones.

❖ Describid y explicad cómo es considerada la mujer por uno y otro bando.

❖ Contrastad con la actualidad.

> *Dios ha dado al hombre más cualidades de mandar y a la mujer más cualidades de obedecer. Dios ha hecho a la mujer más dúctil, flexible, obediente, dócil, sumisa y condescendiente; y al varón, recio, inflexible, dominador, imperante.*
>
> Padre VILARIÑO, *Regalo de boda* (Bilbao, 1956)

> *Mentir es una cobardía. Por eso las mujeres, seres débiles, mienten más que los hombres.*
>
> HERRERO ANTOLÍN (maestro nacional), *Lecturas educativas* (Madrid, Editorial Hernando, 1955)

> *A nuestro juicio, lo primero que habría que enseñar a la mujer... cuando es niña, es a ser «mujer de su casa». Con toda la repugnancia que esta expresión puede producir en algunas mujeres, a nosotros nos parece sencillamente admirable que una mujer sea una buena «ama de casa».*
>
> I. AGUILAR y H. GALVES (médicos), *La madre y el niño* (Madrid, 1958)

B) Aquí te damos un curioso documento sobre las cualidades que prevalecen en el hombre y en la mujer, sacado de *El decenio crítico* (dedicado a los jóvenes de dieciséis a veintiséis años), XI edición, Ediciones Paulinas, Bilbao, 1966 (recogido por Luis Otero en *Mi mamá me mima*, Barcelona, Plaza & Janés, 1999). Comentad cada cualidad argumentando vuestras opiniones.

Por ley ordinaria y en igualdad de condiciones prevalece:

En el hombre	**En la mujer**
— La actividad	— La receptividad
— La audacia	— El pudor
— La autarquía	— La sumisión
— La autoridad	— La oración
— El valor	— La resignación
— La firmeza	— La docilidad
— La fuerza	— La gracia
— La justicia	— La indulgencia
— La perseverancia	— La paciencia
— La razón	— El sentimiento
— La ciencia	— La fe
— La voluntad	— El corazón

C) Debate: la clase se divide en dos grandes grupos. Se da tiempo y cada grupo tiene que DEFENDER LO INDEFENDIBLE. Buscad argumentos, ejemplos, para demostrar que eso es verdad. El grupo contrario tiene que rebatir dichos argumentos, preparando otros de contraste.

Expresión escrita

Piensa por qué ha elegido la autora el título.

A) Busca los momentos en los que se menciona *la caja de galletas* en la novela.

B) Todos tenemos nuestra propia «caja de galletas», real o imaginaria, en la que guardamos cosas especiales. Describe la tuya. Si nunca has tenido una, ¡aquí te la regalamos!

- ◆ Comenta por qué es especial.
- ◆ Enumera las cosas que tienes (o tendrías) en ella.
- ◆ Explica qué te recuerda cada una de esas cosas.
- ◆ Imagina que tuvieras que deshacerte de algunas de esas cosas. ¿Cuál (o cuáles) elegirías? ¿Por qué?
- ◆ Si tuvieras que regalar su contenido, ¿a quién darías cada cosa? ¿Por qué?

Tareas finales

1 Los cuatro presidentes de la democracia (datos recogidos del libro *Presidentes*, de Victoria Prego, Plaza & Janés, Barcelona, 2000).

A) Aquí tienes sus fichas, pero los datos se han desordenado un poco. Intenta arreglarlos tú.

Adolfo Suárez (1982-1996)

- En 1955 comienza su carrera política, en los niveles más modestos del franquismo, como secretario de Herrero Tejedor, importante personalidad del régimen.
- Cuando dimitió el primer presidente del gobierno, juró su cargo ante el Rey. También pertenecía a la UGT.
- Durante su gobierno, en 1982, España ingresó en la ONU.
- Es el cuarto presidente de la democracia.

Leopoldo Calvo-Sotelo (1981-1982)

- Fue el primer presidente de la democracia.
- En 1974 es elegido primer secretario del Partido Socialista Económico Español.
- De los cuatro presidentes de la democracia hasta ahora, ha sido el que más tiempo ha desempeñado su cargo.
- En 1996 jura su cargo de presidente del Gobierno ante el Rey, tras derrotar en las elecciones al partido socialista.

Felipe González (1976-1981)

- El Rey Juan Carlos I (nombrado en 1965) lo designa presidente del Gobierno el 5 de julio de 1976.
- Durante la ceremonia de su investidura como presidente hubo un intento de golpe de Estado por parte de los militares.
- En 1982 prometió su cargo como presidente del Gobierno, el tercero de la democracia.
- Fue elegido presidente de su partido, Alianza Popular, en 1990.

José María Aznar (1996-1999)

- Su partido es la UCD.
- En las elecciones generales del 82, su partido fue derrotado.
- Ha tenido un papel importantísimo en el proceso democrático, ya que fue el primero que presentó una propuesta de Reforma Agraria. Con esta ley se permitiría que personajes como Santiago Carrillo, escondido en un monte desde la prohibición de su partido, volvieran a la vida pública.
- En las elecciones celebradas en el año 2000 volvió a ganar su partido y, por consiguiente, sigue siendo el presidente a la entrada en el nuevo milenio.

B) Encuentra los gazapos. Ya tienes ordenadas las fichas, pero hay siete mentiras en ellas. Puedes ayudarte con lo que has aprendido en la novela. El que antes los encuentre, será nombrado el HISTORIADOR DE LA SEMANA.

2 Si os interesa, y con la ayuda de vuestros profesores, podéis buscar información de otros países que hayan tenido transiciones a la democracia y hacer una comparación (Portugal, Chile, Argentina). Resumid cuáles son los puntos clave, según vuestra opinión, por los que son procesos diferentes o semejantes.

Solucionario

Primera parte

Comprensión lectora

1 **Falso:** le echa agua a la campana para bendecirla. **Falso:** la gente estaba en la calle para celebrar la vuelta a España de Santiago Carrillo. **Falso:** el representante de la UCD era Adolfo Suárez; Carrillo lo era del Partido Comunista de España. **Falso:** el padre le regala el perro y la madre es la que se enfada. **Verdadero:** la hermana no fue a votar porque estaba dando a luz a sus hijas.

2 Negativa. Casi se alegra de que su padre se haya muerto y reza para que sea él.

3 Pensaba que era bueno porque veía a la gente feliz y porque se empezaban a notar los cambios positivos en el pueblo.

4 Libre (usar la novela).

5 Sí. Se puso muy nervioso cuando una señora le pidió que hiciera un dibujo de su pueblo porque no sabía qué podía dibujar que le resultara a ella interesante.

6 No. Todos estaban agitados y muy contentos porque se iban a celebrar las primeras elecciones democráticas.

7 Libre.

Gramática y vocabulario

1 A) Casos bomba: «se preveía para San Juan», «el nuevo cura estaba por llegar», «allá por los setenta», «para celebrarlo», «por su libertad recobrada», «para reconocer», «para que se tratara de él», «para que te sirva de ojos», «para que se instalen», «para viajar», «para la sangre», «para acabar tirado», «por los caminos», «impaciente por descubrir», «por ayudar a Fernando», «por ayudar a Miguel», «para ir a la plaza», «por la calle», «por mi cumpleaños», «para que todos estuvieran tan contentos».

Expresiones fijas: «acababa por irse» (perífrasis), «por fin», «por la noche», «por la mañana».

Resto de los casos (depende de los alumnos el que los incluyan en uno u otro apartado): «para la ceremonia de mañana», «por la Gran Vía», «por aquí», «por carretera», «por sí mismos».

B) *por marzo o abril:* tiempo aproximado; *estaba para salir:* a punto de salir; *para denunciarlo:* finalidad; *para el 24 de julio (...) para la semana siguiente:* tiempo antes del que debe ocurrir algo; *por llegar tarde:* causa; *estoy por comprármelo:* duda; *están por corregir:* estar sin corregir, no terminada la acción; *para mañana:* tiempo antes del que debe ocurrir algo; *por prometer cosas:* causa; *estoy por la globalización:* a favor de; *para el Tercer Mundo:* finalidad; *para el centro:* en dirección al centro; *para mañana:* tiempo antes del que debe ocurrir algo; *por los sitios:* a lo largo de, lugar no exacto; *para su casa:* dirección; *para comprar:* finalidad; *por hacer tan poco:* causa; *para ganar más:* finalidad; *por la fiesta:* causa; *por estar juntos:* causa.

2 A) — Mi hermana **llevaba** ya cinco meses y pico de embarazo.

— El padre **llevaba** unos años desaparecido cuando llamaron a mi madre para reconocer un cuerpo.

— Recé para que pudiéramos cobrar la pensión de viudedad que le correspondía a mi madre después de **llevar** diez años fregando escaleras.

— **Llevaba** mucho tiempo envuelto en una manta marrón…

— Ramón y Jacinto **llevaban** dos años sin saludarse.

B) — **llevas estudiando** cinco horas.

— me **he tirado navegando** por Internet cuatro horas.

— *¿Sabes cuánto* **dura** *la película?* **Lleva** *una hora y quince minutos.*

— *¡Cuánto* **tardas** *en ducharte!; me puedo* **tirar/llevar** *horas y horas:* **tirarse** *es más enfático. Me han* **durado** *cinco años.*

— *Te* **has tirado** *toda la noche hablando de tus cosas; la fiesta sólo* **ha durado** *dos horas; llevo/me he tirado hora y media mirando el reloj:* con **llevar**, la acción dura hasta el momento en que está hablando la persona; con **tirarse**, la acción ya ha concluido.

— **He tardado** *mucho en llegar;* **Llevo** *cuarenta y cinco minutos esperando.*

C) — la mujer nos **acompañó** a la habitación.

— la maleta de cartón que **había usado** mi hermana en la luna de miel.

— yo no **había entendido** muy bien cómo lo **trasladaríamos** en el tren de vuelta.

— qué misteriosa razón lo **habría incitado** a dejar su Andalucía / qué misteriosa razón **habría hecho que** dejara su Andalucía.

— y nos **condujeron** al Juzgado de Salamanca / nos **acompañaron**.

— Aquilino nos **condujo** a casa en su camión.

— todos **tenían** debajo unas letras.

— Jacinto **había dirigido** las cabras a su huerta / **había metido** las cabras en su huerta.

3 Se fueron; avisaron / llamaron; encontraron; había desaparecido; estaba; estaba en las últimas; fue; duró; llegaron; era; Era; comieron; bebieron; se quedó; estuvo / se pasó / se tiró; miraba; fue; se quedó; dio; pidió / dijo; dibujara / hiciera un dibujo de; se puso; sabía; volvieron; era / fue; cambiaba; estaban; acabarían / iban a acabar.

4 A) La explicación es de realización libre. Siempre se tendrá en cuenta la novela.

1. **El pasado más lejano:** olor a tabaco, botellas por el suelo, gritos por la noche, regalo del perro, Franco.

2. **El pasado inmediatamente anterior al viaje:** Sierra de Gata, reconocer al padre (también en el viaje), sequía, campana nueva, nuevo cura, desaparición del perro.

3. **El viaje:** furgoneta, chupa-chups, leche caliente, chorizo y pimientos, Adolfo Suárez (también después del viaje), sopa de ajos, funeraria, Casa de las Conchas, vino, ropa de luto, Plaza Mayor, dibujo del pueblo, maleta de cartón.

4. **Después del viaje:** Santiago Carrillo, cumpleaños, Adolfo Suárez, la Pasionaria, reforma política, Libertad (sobrina de Marcelino), ganar veinte duros, parto.

B) **De realización libre.**

5 A) LOS QUE ESTÁN EN LOS DIÁLOGOS:

— *sencilla y limpia, y la vista que tiene,* **oiga**.

— *hoy he hecho una sopa de ajos* **bien buena**.

— *y no dejen de tomar un* **vasito** *de tinto.*

—*que lo hacemos en casa y se sube* **que no veas.**

—*incluso* **levantaría a un muerto.**

—*No, muchacho, Santiago Carrillo,* **un tío con un par de...**

—*¿Y quién es* **ese** *Santiago?*

LOS QUE ESTÁN EN LA NA-RRACIÓN:

—*Franco ya* **estaba en las últimas.**

—**El caso es** *que, cuando unos años después...*

—*Recé para que se tratara de él —***que en paz descanse***— y ...*

—*Después de diez años de fregar escaleras,* **que se dice pronto.**

—*Íbamos los dos* **con el corazón en un puño.**

—*Un tazón de leche que sabía a vaca y que* **me tragué** *de una vez.*

—*Yo no había entendido muy bien cómo nos lo llevaríamos en el tren de vuelta,* **con lo que** *abulta un cadáver.*

—*Me pareció muy ridículo que* **uno** *no haya tenido nunca bastante dinero como para viajar en avión.*

—*Y nos* **tragamos** *la sopa de ajos y la* **copita** *de vino.*

—*Mi madre cayó rendida y durmió* **de un tirón.**

—*La señora Pilar le había regalado una bota de vino y unos chorizos, ya que* **habían hecho buenas migas.**

—*Me acuerdo de que* **me gané veinte duros** *por ayudar a Fernando.*

—*Todos reían.* **Bueno, todos, todos,** *no. El alcalde...*

—*Las malas lenguas decían que la noticia* **le había sentado como un tiro.**

—*Ramón brindaba con Jacinto,* **y eso que** *llevaban más de dos años sin saludarse.*

B) Se usan para imitar mejor el lenguaje del niño.

C) Transformaciones de las expresiones coloquiales de la narración:

—Franco **estaba a punto de morir.**

—**El hecho era** que, cuando años...

—Aquí se eliminaría la expresión, pues es algo que decimos cuando se menciona a un muerto.

—Después de diez años de fregar escaleras, **que no eran pocos.**

—Íbamos los dos **muy preocupados.**

—Un tazón de leche caliente que sabía a vaca y que me **bebí/tomé** de una vez.

—Yo no había entendido cómo nos lo llevaríamos en el tren de vuelta, **teniendo en cuenta el volumen que tiene** un cadáver / **lo que ocupa** un cadáver.

—Me pareció muy ridículo que **alguien / una persona** no haya tenido nunca bastante dinero como para viajar en avión.

—Y **nos tomamos** la sopa de ajos y la **copa** de vino.

—Mi madre cayó rendida y durmió **sin despertarse toda la noche.**

—La señora Pilar le había regalado una bota de vino y unos chorizos, ya que **habían iniciado una buena relación / se llevaban muy bien.**

—Me acuerdo de que gané **cien pesetas** por ayudar a Fernando.

—Todos reían **excepto/salvo** el alcalde.

—Las malas lenguas decían que la noticia le había sentado **mal / muy mal.**

—Ramón brindaba con Jacinto **a pesar de que / aunque** llevaban dos años sin saludarse.

D) Completar y sustituir:

Primer diálogo: Me vas a dejar sin agua, **con la sed que tengo**; Y eso que normalmente es muy amable.

Segundo diálogo: Pero **con lo que crece / está creciendo**, no le va a quedar bien; ..., **y eso que** tú decías que no le iba a quedar bien.

Tercer diálogo: ¡**Con lo cansado que estoy**, me vas a pedir eso!; Ya, ya. **Y eso que** estabas muy cansado para fregar.

Cuarto diálogo: No te pongas a contarme esas cosas **con lo que tengo que estudiar**; ¡Una película! **Y eso que** hace un rato tenías tanto que estudiar.

Quinto diálogo: Pero **con lo nerviosa que estoy**, creo que voy a suspender; Ves, mujer. **Y eso que no** parabas de decir que ibas a suspender.

Sexto diálogo: … y él nunca engorda, **con lo que come**; ¡Anda! **Y eso que** decía que no adelgazabas.

(6) A) ¡Mecachis!: Me cago en…; pasar a mejor vida: morir; amanerado: maricón;

conflicto laboral: huelga; dar a luz: parir; hacer «pis»: mear, orinar; ventosidad: pedo.

B) 1.d; 2.e; 3.h; 4.f; 5.g; 6.k; 7.a; 8.j; 9.b; 10.i; 11.c.

C) Escribimos algunos de ellos. **Pedo**: ventosidad, escape de aire; **mear**: hacer pis (en algunas zonas de España) ir a visitar al Sr. Roca; **cagar**: hacer las necesidades, dar/hacer de vientre; **despido**: recorte de personal; **bajada de sueldo**: recorte de presupuestos; **vomitar**: echar la papa / la pota, devolver, indisposición de vientre o estómago; **asesinar**: quitar la vida…

Cultura y debate

(1) A) — «*Los meses que siguieron fueron sin duda los más alegres de mi infancia. Pedro, el carnicero, se había rodeado de amigos y hablaban durante horas en el bar de la plaza de la reforma política y de la voluntad mayoritaria del pueblo. Yo no entendía nada, pero me empezaba a caer bien el señor de la nariz grande que se llamaba Adolfo, como mi primo de Granada, y al que todos auguraban un triunfo rotundo. Empezaban a surgir palabras que nunca antes había escuchado, como democracia, elecciones, constitución, y se mencionaba cada vez más al Rey, ese señor que se había casado con una princesa griega, y que ahora iba a dirigir el país en consenso*».

— «*Los muros de las casas del pueblo amanecieron un día llenos de fotos de gente nueva. Todos llevaban debajo unas letras como las que yo había visto en Salamanca y otras: UCD, PSOE, AP, PCE, y los vecinos discutían todos los días de las mejoras que habría que realizar en el pueblo. Me acuerdo de que me gané veinte duros por ayudar a Fernando*

a pegar carteles y, unos meses después, otros cuarenta por ayudar a Miguel a quitarlos. Me sentía un hombre rico: era verdad, España iba a cambiar».

— «*yo me alegré mucho de ver a toda esa gente tan feliz por mi cumpleaños y les regalé a todos mi mejor sonrisa*».

— «*…algo mustio porque la alegría del pueblo no fuera por mi cumpleaños*».

— «*…me importaba bien poco quién era ese señor. Debía de ser alguien muy importante para que todos estuvieran tan contentos*».

— «*Fue la Semana Santa más alegre del pueblo, pasaron dos meses y llegó el gran día de las elecciones democráticas. Todos se sabían esa palabra algo difícil que les iba a permitir decidir por sí mismos el futuro de nuestro país: estaríamos todos unidos…*».

C) De realización libre, teniendo en cuenta los textos. Algunas sugerencias:

Los niños analizan la realidad desde su perspectiva y argumentan los cambios según lo que ellos consiguen. Por ejemplo, Marcelino nota que España va a cambiar por lo que gana él, no por lo que significa el que haya carteles en las calles. También intuyen los cambios por la felicidad o tristeza de la gente. A los niños les resultan difíciles las palabras que oyen y realmente no saben lo que significan; sólo deducen que son positivas o negativas por la reacción de la gente. No son capaces de entender que los cambios son más importantes que, por ejemplo, su cumpleaños: Marcelino casi se enfada cuando descubre que la felicidad del pueblo no es por su cumpleaños.

2. **España republicana**: España causa dolor (texto 2). Los republicanos están presos en la época nacionalista (texto 3). Los republicanos se organizan y actúan clandestinamente (texto 3). No es partidaria de Franco (texto 4). Personajes importantes de esta España son Dolores Ibárruri y Santiago Carrillo (texto 4). Soñaban con poder convivir juntos aunque tuvieran distintas ideas (texto 4). La división de las dos Españas cau-

saba sufrimiento (texto 5). Soñaban con la libertad (texto 6).

España nacionalista: Pensaban que no era una dictadura perfecta (texto 1). No existe una buena consideración de las mujeres (texto 1). España causa dolor (texto 2). Adolfo Suárez había pertenecido al régimen franquista (texto 4). Era partidaria de Franco (texto 4). Algunos soñaban con poder convivir aunque tuvieran diferentes ideas (texto 4). Las dos Españas causaban sufrimiento (texto 5). Era apoyada por la Iglesia (texto 6). El Papa la ayudaba (texto 6). Consideraba la Guerra Civil como una Cruzada (texto 6). Querían una España única (texto 6).

3. A) **De realización libre.**

B) La verdadera: La Casa de las Conchas fue un edificio civil que mandó construir Talavera Maldonado. Este señor pertenecía a la Orden militar de Santiago, cuyo símbolo era la concha de una vieira o peregrina. De ahí que mandara poner conchas en toda la fachada.

Expresión escrita

1. **De realización libre.** Sugerimos que se relea la parte en que el niño describe el dibujo.

Segunda parte

Comprensión lectora

1. **Falso**: Miguel no vive en el pueblo. Es Marro el que vive allí y es cabrero. **Falso**: queda con él para el martes a la hora de almorzar. **Falso**: es un antiguo amigo de su padre. **Falso**: tiene que anular la cita con el dentista.

2. **De realización libre** pero utilizando los datos de la novela. Miguel luchó contra Fran-

co, era por tanto de ideología de izquierdas. Su familia era humilde…

3. Marcelino estudió Derecho. Su madre le dio la posibilidad de elegir entre Derecho y Medicina. No tuvo mucho que pensar.

4. Porque tiene que entregarle una carta que su padre dejó para él.

La actitud de Marcelino es al principio negativa y cortante, parece que no quiere ni oír hablar de su padre. Pero le sorprenden algunas cosas que Eduardo le cuenta: su padre quería que le diera la carta cuando terminara los estudios, su madre tenía otra. Eduardo le dice que las cosas no eran como parecían. Todo esto intriga a Marcelino y acaba aceptando la cita.

Por una parte habla de las mejoras del país.

Pero acaba hablando negativamente de la globalización, pues ésta puede causar la pérdida de la identidad nacional.

De realización libre. Algunas sugerencias:

Para el presente: *problemas en la fábrica, una agenda apretada, los obreros tienen problemas, la nueva España…*

Para el pasado: *por una nueva España, la lucha por el cambio, el pasado incierto…*

Gramática y vocabulario

A) b; c; c; a; a; a.

B) Ejemplos de la segunda parte:
- *—**Hubo que ponerse** a trabajar de verdad.*
- *—**Acabó ayudando** a su padre en las labores del campo.*
- *—**Debe de andar** por los sesenta y tantos años.*
- *—**Acababa de cumplir** los dieciocho años.*
- *—Algún día **debería venir** un buen médico a este pueblo.*
- *—Mi madre **había dado** la conversación **por zanjada**.*
- *—Pero si **llevas esperando** más de un mes para que te reciba.*

C) ACCIÓN TERMINADA RECIENTEMENTE:
- *—El pueblo acababa de estrenar campana nueva.*
- *—Acababa de cumplir los dieciocho años.*

CONCLUSIÓN O FINAL:
- *—Él siempre acababa por irse al bar.*

- *—Para acabar tirado en un monte del norte.*
- *—Acabó ayudando a su padre en las labores del campo.*
- *—Mi madre había dado la conversación por zanjada.*

OBLIGACIÓN:
- *— La mejoras que habría que realizar en el pueblo.*
- *— Hubo que ponerse a trabajar de verdad.*
- *— Debería venir un buen médico a este pueblo.*

DURACIÓN:
- *—Pero si llevas esperando más de un mes para que te reciba.*

POSIBILIDAD:
- *—Debe de ser alguien muy importante.*
- *—Debe de andar por los sesenta y tantos años.*

INVITACIÓN A LA ACCIÓN:
- *— No dejen de tomar un vasito de vino.*

2 A) SOPA DE LETRAS

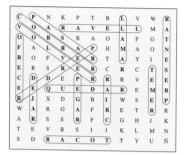

B) **PASAR**: hay muchas acepciones con cada verbo. Ofrecemos las más habituales y remitimos al diccionario por si se quiere ampliar.

— *Pásamelo* = poner a alguien al teléfono.
— *Pasaba mucho tiempo en los bares* = estar.
— *Han pasado tantos años* = transcurrir.
— *La de cosas que han pasado desde entonces* = ocurrir.
— *Que pase, que pase* = entrar en un lugar, dar permiso para entrar.
— *Qué es lo que va a pasar* = ocurrir.
— *Yo me pasaré mañana* = ir a un lugar, trasladarse.
— *Han pasado muchos años* = transcurrir.
— *Qué es lo que estará pasando* = ocurrir.
— *Pasa la semana* = transcurrir.

Otros significados que no aparecen en la novela:

— *Pasarse:* cesar una cosa, acabarse/excederse.
— *Pasar:* durar.

LLAMAR:

— *Llámame* = telefonear, llamar por teléfono.
— *Te llamo ahora* = telefonear, llamar por teléfono.
— *Te llamo esta tarde* = telefonear, llamar por teléfono.

— *Te llama un tal Eduardo Vázquez* = telefonear, llamar por teléfono.
— *Lo llamó porque su padre...* = telefonear.
— *El Rey, como lo llamábamos entonces* = denominar, nombrar, dar un nombre.
— *Miguel, que se hacía llamar Michel* = llamarse = tener nombre.
— *El cura llamó a mi madre* = avisar.

Otros significados que no aparecen en la novela:

— *Llamar:* atraer la atención con gritos o ademanes / vocear.

QUEDAR:

— *¿Por qué no quedamos en el hotel Guadalupe?* = quedar = citarse, fijar una cita, encontrarse, verse.
— *No te queda nada libre* = quedar = tener libre, estar disponible, restar.
— *Te queda libre el almuerzo del martes* = quedar = tener libre, estar disponible.
— *Marta se había quedado embarazada* = quedarse = subsistir en un estado, forma o posición determinada.
— *Me quedé anonadado* = quedarse = subsistir en un estado, forma o posición determinada.
— *Se queda pensando* = quedarse = subsistir en un aspecto, forma o posición determinada.

Otros significados que no aparecen en la novela:

— *Quedar:* cesar, terminar.

VER:

— *Podríamos vernos el martes para comer* = verse = encontrarse, quedar.
— *Tenemos que vernos* = verse = encontrarse, quedar.
— *Nos veo todavía pegando carteles* = ver = imaginar, recordar.
— *Ven las mismas películas* = ver.
— *Una hija a la que vamos a ver cada tres meses* = ver = visitar una persona a otra.

Otros significados que no aparecen en la novela:

— *Ver:* examinar/considerar, reflexionar.
— *Verse:* hallarse alguien en una situación *(verse pobre).*

CRIAR:

— *Los toros que criaba eran bravos* = criar = alimentar, cuidar y producir animales con fines comerciales.

Otros significados que no aparecen en la novela:

— *Criarse* = desarrollarse, vivir, hacerse.
— *Criar:* producir algo de nada / producir algo los seres vivos o la naturaleza / instruir, educar / alimentar.

PEGAR:

— *Pegó repetidamente en la barra con un bastón* = pegar = dar golpes con algo, golpear.
— *Pegando carteles de esas primeras elecciones democráticas* = pegar = fijar con algún elemento adhesivo.

Otros significados que no aparecen en la novela:

— *Pegar* = unir o juntar una cosa con otra / poner en contacto / comunicar algo a otro por el tacto o contacto / contagiar / prender fuego / caer bien una cosa / tropezar.
— *Pegarse:* quemarse la comida por haberse adherido a la cazuela / introducirse uno donde no lo esperan o donde no lo llaman / reñir, golpearse, pelearse.

PERDER:

— *Me perdí la boda* = perderse = no asistir a algo, no estar presente.
— *Dentro de poco habremos perdido nuestra identidad* = perder = verse privado de algo o de alguien.

Otros significados que no aparecen en la novela:

— *Perderse* = no saber dónde se está / errar en el camino y no encontrar la salida / entregarse ciegamente a un vicio / no haber modo de salir de una dificultad.
— *Perder:* malgastar (el tiempo, el dinero…) / ocasionar un daño / quedar vencido en una batalla, juego o contienda / desteñirse (la tela).

CORRER:

— *Corría el año 86 o el 87* = correr = transcurrir el tiempo.
— *Nos recuerdo corriendo detrás de la pelota* = correr = ir rápidamente de un sitio a otro.

Otros significados que no aparecen en la novela:

— *Correr:* moverse las cosas con velocidad / pasar de una parte a otra / extenderse los ríos / pasar un negocio por la oficina correspondiente / circular, ser usado / sacar a carrera o lidia un toro / despedir.
— *Correrse:* echarse a la derecha o a la izquierda lo que está en línea / pasarse, deslizarse una cosa / derretirse (las velas) / excederse.

DEJAR:

— *Con la complicidad de mi hermana que nos dejó su coche* = dejar = prestar.
— *A ti te dejó plantada* = dejar = abandonar.
— *Una carta que me dejó su padre para usted* = dejar = dar.
— *Algún desaprensivo había dejado en el suelo* = dejar = poner sin cuidado.

Otros significados que no aparecen en la novela:

— *Dejarse* = abandonarse, no cuidar la apariencia / darse a una ocupación / dejarse de = cesar en alguna cosa.
— *Dejar* = permitir, no poner impedimento / soltar algo o apartarse de ello moral o físicamente.

LLEVAR:

— *Nos llevó a Portugal* = llevar = trasladar, transportar, conducir.

—*Cuando llevara unos años ejerciendo* = llevar = estar un tiempo haciendo algo.

—*Llevas esperando más de un mes* = llevar = estar un tiempo haciendo algo.

—*Hay que llevar una política común* = llevar = tener.

Otros significados que no aparecen en la novela:

—*Llevarse* = tomar, coger algo de donde está y transportarlo a otro sitio.

—*Llevarse bien o mal* = tener una buena o mala relación / llevarse consigo a una persona = hacerse acompañar por ella / llevarse por delante algo o a alguien = atropellar.

—*Llevar:* acompañar / hacer que, influir / vestir / guiar, dirigir / tolerar, sufrir / lograr, conseguir / cuidar, encargarse de algo.

OFRECER:

—*Ofrecía a su futuro retoño, además del brillo que no tenía el sencillo Gómez (...) la famosa ganadería* = ofrecer = dar.

Otros significados que no aparecen en la novela:

—*Ofrecerse:* entregarse voluntariamente a otro para hacer algo.

—*Ofrecer:* dedicar o consagrar a Dios o a un santo / prometer / mostrar y poner patente algo / decir qué cantidad se está dispuesto a pagar por algo.

HACER:

—*Los días se hacen interminables* = hacerse = convertirse, transformarse, volverse.

—*Se hizo con un puesto en la Excelentísima Diputación* = hacerse con algo = conseguir, apropiarse.

Otros significados que no aparecen en la novela:

—*Hacer:* haber transcurrido un tiempo (impersonal) / presentarse el tiempo o estado atmosférico (impersonal) / producir algo, formar / arreglar, disponer / ejecutar, realizar / creer o suponer algo / obligar.

—*Hacerse:* apartarse, retirarse / acostumbrarse.

TEMER:

—*Me temo que nos iremos a la calle sin ver un duro* = temerse = prever que algo malo va a ocurrir, recelar un daño.

Otros significados que no aparecen en la novela:

—*Temer* = tener miedo de algo o alguien / creer, sospechar.

PRESENTAR:

—*Animar a la gente a presentar la declaración de la renta* = presentar = hacer algo oficialmente.

—*La empresa ha presentado suspensión de pagos* = presentar = declarar.

—*Se presentaron más de cien partidos* = presentarse = darse a conocer, comparecer en algún lugar exacto.

Otros significados que no aparecen en la novela:

—*Presentarse* = acudir a un sitio / ofrecerse voluntariamente para un fin / darse a conocer.

CREER:

—*Hay que hacer algo, ¿no crees?* = creer = pensar, opinar, juzgar.

Otros significados que no aparecen en la novela:

—*Creerse:* presumir de algo, pensar en sí mismo.

—*Creer:* tener fe / tener por probable o verosímil una cosa.

TOCAR:

—*Me habría tocado irme a la mili* = tocar = haber llegado el momento de hacer algo.

Otros significados que no aparecen en la novela:

— *Tocar:* recibir algo por sorteo / tocar un instrumento / tropezar ligeramente con algo / tratar superficialmente un tema / estimular, inspirar / llegar de paso a un puerto.
— *Tocarse* = entrar en contacto una cosa con otra.

VOLVER:

— *Vuelve el pasado muchacho* = volver = regresar.
— *Vuelvo para allá* = volver = regresar.

Otros significados que no aparecen en la novela:

— *Volverse:* darse la vuelta / volverse atrás = arrepentirse, no cumplir la promesa o la palabra / volverse loco = perder el juicio, enloquecer.
— *Volver:* dar vuelta / mudar, cambiar / devolver, restituir / torcer o dejar el camino recto / repetir una acción.

③ Aunque puede haber más posibilidades, ofrecemos las más evidentes:

— Pues si estuviera en el Caribe, estaría mucho mejor / podría estar mejor.
— Me temo que nos vamos a ir a la calle sin ver un duro / nos vamos a la calle (presente con valor de futuro).
— El comité de empresa puede decir misa / puede decir lo que sea / Es posible que el comité haya dicho eso, pero…
— Mañana me paso por allí.
— Si tu padre viviera, querría que fuese así / Si tu padre hubiera estado aquí, lo habría querido así.
— La bofetada que siguió iba a marcar para siempre el final de mi adolescencia / marcó para siempre el final de…
— ¡Tú no sabes nada de la vida! ¡Tú no tienes ni idea de la vida!
— Algún día es necesario que venga un médico a este pueblo / Está bien que…

— Me parece bien que alguien de esta familia trabaje para defender los derechos de los más débiles.
— Ingresé en la Complutense, de la que salí seis años más tarde…
— Me voy a esperar algo más / Me espero algo más / Me puedo esperar algo más.
— Voy a ir yo a Granada / Yo voy a Granada.
— No sé qué pasa / No sé qué está pasando.
— Dentro de poco no vamos a tener identidad / Seguro que pronto vamos a perder nuestra identidad.
— ¿Es posible que algún día exista una alegría virtual? ¿Es posible que…?

④ A) a-5; b-1; c-7; d-2; e-4; f-3; g-8; h-6.

B) — Vivir de las rentas: sinónima de *vivir del cuento*.
— Ponerse como un tomate: sinónima de *subírsele la sangre a la cabeza*.
— Ir a la deriva: contraria a *ir viento en popa*.
— Dar plantón: sinónima de *dejar plantado*.
— No tenerlas todas consigo: puede ser sinónima de *no estar el horno para bollos* o de *no ir algo viento en popa*.
— Caerle alguien gordo: contraria a *caerle bien*.

C) — Se pone como un tomate / se le sube la sangre a la cabeza.
— Me cae gordo / no me cae bien.
— Va la deriva / No va viento en popa.
— No te dejo plantado / no te doy plantón.
— No las tiene todas consigo.
— No está el horno para bollos / No las tienen todas consigo.
— Les gusta vivir del cuento / vivir de las rentas.

⑤ A) Hay más de una posibilidad, teniendo en cuenta que hemos pedido estilo indirecto libre. Ofrecemos algunas:

—Marcelino dijo que la vida se le antojaba mucho más alegre.

—Marcelino dijo que le entró un pánico horrible.

—Marcelino se preguntó qué podría dibujarle él a aquella señora tan amable que le pareciera bonito / Marcelino no sabía qué podría dibujar que le pareciera bonito a aquella señora tan amable.

—Marcelino cuenta que por aquel tiempo le empezaba a caer bien el señor de la nariz grande que se llamaba Adolfo / cuyo nombre era Adolfo.

—Marcelino pensó que le importaba bien poco quién era aquel señor del que todos hablaban / Marcelino nos cuenta que en aquel momento no le importaba nada quién era aquel señor.

B) — *Te queda libre el almuerzo del martes.*
— *¿Qué te parece?*
— *No le faltaron razones.*
— *Ser rojo le resultó fácil mientras todos luchábamos contra él.*
— *Hubo que ponerse a trabajar y eso ya le costó más.*
— *Para caerle bien a su suegra participó en cacerías.*
— *Me habría tocado irme a la mili.*
— *Tanto me sorprendió su actitud que me quedé anonadado.*
— *No cabía otra alternativa.*
— *Mi nombre no le suena.*
— *Qué le parece si nos encontramos en Málaga.*
— *No te queda nada libre.*
— *¿Qué le parece el viernes?*
— *¿Le viene bien sobre las once?*

C) **De realización libre,** pero usando los verbos que se indican.

Cultura y debate

❶ **De realización libre,** utilizando las sugerencias e indicaciones.

❷ **De realización libre,** utilizando las sugerencias e indicaciones.

Expresión escrita

A) Los gigantes de Marcelino son: la pérdida de identidad, la pérdida de la historia, la pérdida de las costumbres, el incremento de la violencia, la preocupación por cosas triviales olvidando las verdaderamente importantes. El considerar positivos o negativos estos elementos depende de cada persona, pero se deben argumentar correctamente las diferentes opiniones.

B) **De realización libre.**

Tercera parte

Comprensión lectora

① **Falso:** tiene una buena opinión porque piensa que han tenido que soportar mucho dolor y sufrimiento. **Falso:** Miguel es amigo del dueño de las tierras donde se ha encontrado la caja. **Verdadero:** da clases de español para extranjeros. **Verdadero:** tienen un olor especial y siempre le parecen muy distintivos. **Falso:** todavía no se ha solucionado nada y parece que los trabajadores se van a poner en huelga porque la empresa se ha declarado en suspensión de pagos.

② Marcelino piensa que Miguel parece mayor de lo que es. Le sorprende su aspecto envejecido y su ropa: «es un señor con barriga, gafas y corbata». En cambio, la impresión que le da Eduardo es muy buena. De hecho sólo por la apariencia piensa que le gusta ese hombre: «muy alto para su generación, anda con elegancia y tiene una sonrisa franca y abierta y mucho pelo blanco».

③ Miguel tiene una caja antigua con documentos de su padre: cartas, DNI, célula revolucionaria… La ha encontrado en la finca que un constructor amigo suyo ha comprado a los hijos de Ramón.
Eduardo le quiere dar una carta que su padre le había entregado a él. Le pidió que se la diera cuando terminara sus estudios y llevara un tiempo ejerciendo.
Hay relación entre las dos hechos porque gracias a ellos Marcelino va a conocer quién era en realidad su padre.

④ Sí. Ha cambiado mucho la actitud de Marcelino ante su padre. Él pensaba que su padre era un borracho irresponsable y ahora se entera de que era un miembro destacado del Partido Comunista de España en el exilio.

También está un poco sorprendido con su madre, porque ella nunca le contó nada de la verdadera identidad de su padre, ni siquiera cuando sabía que su silencio estaba haciendo que Marcelino tuviera una mala imagen de él.

⑤ Porque su padre así lo quiso. Ya sabíamos que el padre le pidió a Eduardo que le entregara la carta cuando llevara unos años ejerciendo. En esta parte nos enteramos de un dato más: su padre le pidió a Eduardo que se la entregara si le pasaba algo.

⑥ Porque a su padre le hubiera gustado saber que él está defendiendo a los más débiles. Está trabajando para conseguir que la libertad, por la que vivió y murió su padre, sea más segura y firme.
Tiene relación con las posibilidades que su madre le dio: Medicina o Derecho. Ambas son carreras con las que se ayuda a los demás.

⑦ Aunque la actividad es de realización libre (siguiendo la novela), ofrecemos algunos datos importantes: el padre de Marcelino era un miembro activo del Partido Comunista de España. En la mili conoció a Eduardo Vázquez y empezaron a hacer cosas para luchar contra el régimen franquista. Estuvo algún tiempo en el exilio, con Santiago Carrillo. Usaba documentos falsos para poder viajar. Algunas veces visitaba a su familia en el pueblo, pero fue delatado por el alcalde y tuvo que volver a desaparecer. Cuando Franco estaba a punto de morir lo encontraron en la Sierra de Gata y lo mataron de un tiro en la espalda…

Gramática y vocabulario

❶ A) Hay más posibilidades de transformaciones. Ofrecemos algunas:

SI CONDICIONAL:

—Dígame lo que quiere y ya veremos si puedo ayudarlo en algo → Si me dice lo que quiere, intentaré ayudarlo.

—Iré yo a Granada, si le parece → Si usted quiere, iré yo a Granada.

SI EXCLAMATIVO:

—Pero si mi padre nunca se preocupó por nosotros → ¡Cómo va a ser de mi padre: él nunca se preocupó por nosotros!

—Pero si hace no sé cuánto tiempo que murió → ¡Con el tiempo que hace que se murió! ¡Después de tanto tiempo!

—Pero si llevas esperando más de un mes para que te reciba → ¡Con el tiempo que llevas esperando! ¡Con la de tiempo que llevas esperando!

SI INTERROGATIVO:

—Podrías mirar si tengo un almuerzo libre la semana que viene → ¿Tengo algún almuerzo libre la semana que viene?

—¿Qué le parece si nos encontramos en Málaga la semana que viene? → ¿Podemos vernos en Málaga la semana que viene? ¿Le parece bien que nos veamos en Málaga la semana que viene?

B) —¿Cómo iba a saberlo si mi padre nunca existió para mí? → SI EXCLAMATIVO.

—Tu madre está frágil y no sé si habría sido buena idea dársela a ella → SI INTERROGATIVO.

—Aunque, si te digo la verdad, no tengo ninguna prisa → SI CONDICIONAL.

—Si os gusta el campo, estaréis encantados → SI CONDICIONAL.

—Mira a ver si la tiene ella → SI INTERROGATIVO.

—Pues si lo ves alguna vez, dale recuerdos del Bate → SI CONDICIONAL.

—Me había pedido que te la entregara, si le pasaba algo → SI CONDICIONAL.

—No sé si ha merecido la pena → SI INTERROGATIVO.

❷ A) —No faltaría más: aceptar amablemente.

—¡Cuánto tiempo ha pasado!: reaccionar ante alguien que no vemos hace mucho tiempo.

—Deja que te explique: interrumpir o explicarse.

—Por lo visto: explicar algo por indicios, sin seguridad.

—Como lo oyes: insistir en la veracidad de lo afirmado.

—¿Qué es de tu vida?: reaccionar ante alguien que no vemos hace mucho tiempo.

—Pues lo dicho: despedirse.

—Perdona que te tutee: explicarse por usar el tuteo.

B) INTERRUMPIR: Perdona que te interrumpa; Perdona, pero…; Me gustaría añadir algo; Como te iba diciendo.
ACEPTAR AMABLEMENTE: Por supuesto; Claro que sí; No faltaba más.
REACCIONAR ANTE ALGUIEN QUE HACE MUCHO TIEMPO QUE NO VEMOS: ¡Cuánto tiempo sin verte!; ¿Cómo te va la vida?; Dichosos los ojos; ¡Cuánto hace que no nos vemos!
EXPLICAR(SE): Al parecer; Me explico; Parecer ser que.
INSISTIR EN LA VERACIDAD DE LO AFIRMADO: Tal y como te lo digo; Como te lo estoy diciendo; Como lo estás oyendo.
DESPEDIRSE: Pues nada; A ver si nos vemos; Pues a ver cuándo nos vemos.

C) **De realización libre,** con las indicaciones de las tarjetas.

3 A) 1. Se usa indicativo (condicional) porque hay una interrogativa indirecta en la oración principal *(no sé).*

2. Se usa subjuntivo porque hay un verbo de voluntad en la principal *(quería).*

3. Se usa subjuntivo porque en la principal aparece *entiendo mejor (aunque entonces no entendí, ahora sí).*

4. Se usa indicativo (condicional) porque hay un verbo de lengua en la principal *(decía).*

5. Se usa indicativo porque en la oración principal hay un verbo de sentido *(veo).*

6. Se usa indicativo porque depende de *parece que,* estructura equivalente en este caso a un verbo de pensamiento.

7. Se usa indicativo porque en la principal aparece *dice que* (verbo de lengua).

8. Se usa indicativo porque aparece la estructura interrogativa indirecta *(no sé).*

9. En la frase principal hay un verbo de pensamiento en negativo, pero está en imperativo y por eso se usa indicativo en la subordinada: *no creas que has dicho...*

10. Se usa indicativo porque en la principal hay un verbo de pensamiento: *creo que...*

11. Se usa subjuntivo porque depende de un verbo de sentimiento: *perdona que...*

12. Se usa indicativo porque en la principal hay un verbo de pensamiento: *creo que...*

13. Se usa indicativo porque en la principal aparece *llegó a decir* (verbo de lengua).

14. Se usa indicativo porque la frase subordinada depende de *darse cuenta de* (verbo de sentido = notar).

15. Se usa indicativo porque en la principal hay un verbo de lengua: *decía que...*

16. Se usa indicativo porque en la principal hay un verbo de lengua: *decía que...*

17. Se usa subjuntivo porque depende de *pedir,* verbo de influencia.

18. Se usa indicativo porque en la principal aparece un verbo de pensamiento: *sé que...*

19. Se usa indicativo aunque hay una negación + un verbo de pensamiento porque se trata de una interrogativa indirecta.

20. Se usa indicativo porque en la principal hay un verbo de lengua: *decía que...*

B) — *Para que te sirva de ojos cuando los tuyos no puedan ver* → subordinada adverbial final *(para que)* → subjuntivo.

— *La han llamado de Brasil para que imparta un curso en el Instituto Cervantes* → subordinada adverbial final *(para que)* → subjuntivo.

— *Ya hablaré con ella después, cuando yo también tenga las cosas claras* → subordinada adverbial temporal → subjuntivo porque está CUANDO + idea de futuro.

— *Como las cosas sigan así, habrá que inventarse el trabajo* → subordinada adverbial condicional → subjuntivo porque hay una condición irreal, supuesta.

— *Donde haya un buen bar español, que se quiten los demás* → subordinada adverbial de lugar → subjuntivo porque se refiere a un lugar hipotético, no habla de ningún sitio concreto.

—*Tu madre incluso llegó a decir que tu padre la había abandonado para que sus hijos no sufrieran las críticas de los vecinos del otro bando* → subordinada adverbial final *(para que)* → subjuntivo.

—*Por eso ha merecido la pena: para que nunca más nos dejemos llevar por el extremismo* → subordinada adverbial final *(para que)* → subjuntivo.

④ A) —**Cuando se consiguió / se logró** la tan anhelada democracia, hubo que ponerse a trabajar.

—Pasaba mucho tiempo en los bares, **mientras bebía / donde bebía** gintonic, que era más fino que beber tinto de verano.

—La ganadería de doña Elvira, **que había heredado de su padre**, iba viento en popa.

—**Si no hubiera sido** por los tres iluminados y el pobre infeliz de Tejero.

—Me habría tocado irme a la mili, **si no hubiera sido porque mi madre sacó / si mi madre no hubiera sacado** una caja de galletas…

B) Hay más posibilidades, sobre todo si se permite la transformación en otro tipo de oraciones subordinadas adverbiales. Ofrecemos sólo algunas:

—Cuando ha visto llegar a Miguel, se ha sobresaltado / En el momento en que ha visto a Miguel, se ha sobresaltado…

—**Cuando aparta / Tras apartar / Una vez apartadas** unas cuantas cartas atadas por un lazo, examina los papeles…

—Desde cuándo no hablábamos así, **mientras tomamos unos vinos / al mismo tiempo que tomamos** unos vinos.

—**Cuando llega / Justo al llegar / En llegando** a Loja, Marcelino se para a tomar un café.

—Tu madre se ponía a llorar, **mientras decía / y decía / al mismo tiempo que decía / y se ponía a decir…**

⑤ A) EMPRESA: Jefe de Recursos Humanos, plantilla, contrato, suspensión de pagos, despido, desgravación, comité de empresa, reajuste de personal, aumento de sueldo, declaración de la renta, nómina, Hacienda, invertir, despido improcedente, Seguridad Social, contratar, bancarrota, reconversión.

TRABAJADORES: plantilla, contrato, despido, comité de empresa, huelga, aumento de sueldo, ocupar la fábrica, declaración de la renta, sueldo base, trienio, nómina, paro, Hacienda, curriculum vitae, invertir, despido improcedente, paga, finiquito, Seguridad Social, cotización, horas extras, cobrar.

Nota: hay más palabras que pueden tener una relación con uno u otro. Se pide al alumno que justifique por qué.

HAN SALIDO EN LA NOVELA: ocupar la fábrica, comité de empresa, declaración de la renta, Hacienda, suspensión de pagos, plantilla, huelga, despido.

B) —Me he quedado **en paro / en el desempleo**.

—Un día llegó el **Jefe de Recursos Humanos / Jefe de Personal** y reunió a toda **la plantilla**; la plantilla / Tenían que hacer **un reajuste de personal / una reducción de la plantilla**.

—Sí, pero **el finiquito** era injusto e insuficiente. Nos pusimos en **huelga.**

—Pero **cobras** el paro.

—Aunque como mi **sueldo base** era bajo, no es mucho.

—Voy al Ministerio de Hacienda a presentar **la declaración de la renta**. ¿Por qué no llevas tu *curriculum vitae* a mi empresa? Están **contratando** a mucha gente nueva.

C)-D) — Declaración de la renta → presentar/hacer: siempre se usa con el artículo: *presentar **la** declaración de la renta.*

— Paro → estar, quedarse en: se puede usar con o sin artículo: *estar en el paro, estar en paro.*

— Finiquito → dar: se usa con artículo: *dar **el** finiquito.*

— Paga, sueldo → cobrar: se usa siempre con artículo: *cobrar la paga, cobrar el sueldo.*

— Bolsa → invertir: se puede usar con y sin artículo: *invertir en la Bolsa, invertir en Bolsa.*

— Huelga → hacer, ponerse en: se usa sin artículo: *hacer o ponerse en huelga.*

— Seguridad Social → cotizar: se usa con artículo: *cotizar la Seguridad Social.*

— Jefe de Personal → contratar: se puede usar con o sin artículo.

— Horas extraordinarias → hacer: se usa sin artículo: *hacer horas extraordinarias.*

Cultura y debate

1 A) Se habla de *Tele-plancha*: consiste en una empresa pequeña que recoge la ropa en casa y la devuelve planchada.

B) **De realización libre.** Ofrecemos algunas sugerencias para incentivar:

— pasar apuntes al ordenador
— limpiar los cristales
— limpiar la casa
— secar la ropa

— arreglar y ordenar la ropa de los armarios
— ordenar los libros de las estanterías
— ordenar los discos y las casetes
— fichar los libros

C) **De realización libre.**

2 **De realización libre,** utilizando el material y las sugerencias que se ofrecen.

Expresión escrita

A) Los momentos en que se menciona la caja de galletas son tres:

— En el título: *La caja de galletas.*
— En la segunda parte, cuando la madre le dice a Marcelino lo que tienen que estudiar: *«En 1982, cuando España ingresó en la OTAN, a pesar del referéndum y de las manifestaciones, acababa de cumplir los dieciocho años y me habría tocado irme a la mili, de no ser porque mi madre sacó un día **una caja de galletas** de debajo de la cama y me dijo...».*

— En la tercera parte, cuando habla con Miguel: *«Pues resulta que los hijos de Ramón la vendieron [la tierra] a un constructor amigo mío hace unos meses; y cuando empezaron a cavar la semana pasada se encontraron con la caja. (...) Encontraron **una caja** metálica, de esas **de galletas**, como las que se hacían antes. Uno de los peones la abrió y encontró un montón de papeles y unas cuantas cartas...».*

B) **De realización libre.**

1 A) • **Adolfo Suárez:** 1976-1981. *En 1955 comienza su carrera política, en los niveles más modestos del franquismo, como secretario de Herrero Tejedor, importante personalidad del régimen. Fue el primer presidente de la democracia. El Rey Juan Carlos I (nombrado en 1965) lo designa presidente del Gobierno el 5 de julio de 1976. Su partido es la UCD, ha tenido un papel importantísimo en el proceso democrático, ya que fue el primero que presentó una propuesta de Reforma Agraria. Con esta ley se permitiría que personajes como Santiago Carrillo, escondido en un monte desde la prohibición de su partido, volvieran a la vida pública.*

• **Calvo Sotelo:** 1981-1982. *Cuando dimitió el primer presidente del gobierno, juró su cargo ante el Rey. También pertenecía a la UGT. Durante la ceremonia de su investidura como presidente hubo un intento de golpe de Estado por parte de los militares. En las elecciones generales del 82, su partido fue derrotado.*

• **Felipe González:** 1982-1996. *En 1974 es elegido primer secretario del Partido Socialista Económico Español. Durante su gobierno, en 1982, España ingresó en la ONU. En 1982 prometió su cargo como presidente del Gobierno, el tercero de la democracia. De los cuatro presidentes de la democracia hasta ahora, ha sido el que más tiempo ha desempeñado su cargo.*

• **José María Aznar:** 1996-1999. *Fue elegido presidente de su partido, Alianza Popular, en 1990. En 1996 jura su cargo de presidente del Gobierno ante el Rey, tras derrotar en las elecciones al partido socialista. Es el cuarto presidente de la democracia. En las elecciones celebradas en el año 2000 volvió a ganar su partido y, por consiguiente, sigue siendo el presidente a la entrada en el nuevo milenio.*

B) Los gazapos son:

— Se ha dicho que Calvo Sotelo también pertenecía a la **UGT** → debe decir a **UCD**.

— Durante el gobierno de Felipe González España entró en la **ONU** → debe decir **OTAN**.

— Se ha dicho que el rey fue nombrado en **1965** → debe decir en **1975**.

— Se ha dicho que Aznar fue presidente hasta **1999** → al entrar el **nuevo milenio** todavía es Presidente.

— Se ha dicho que con Adolfo Suárez se presentó una propuesta de **Reforma Agraria** → debe decir de **Reforma Política**.

— Se dice que Santiago Carrillo estuvo **escondido en un monte** → debe decir en el **exilio**.

— Felipe González pertenecía al Partido Socialista **Económico** Español → Partido Socialista **Obrero** Español.

2 **De realización libre.**

Vocabulario por partes
(español-inglés, francés y alemán)

Palabra o expresión	Explicación o ejemplo	Inglés	Francés	Alemán
PRIMERA PARTE				
la sequía	Falta de lluvias que produce la sequedad de los campos y la disminución o desaparición de las corrientes de agua.	drought	la sécheresse	die Trockenheit
la cosecha	Conjunto de frutos (o de cierto fruto) que están en el campo y se recogen al llegar la época. Ej.: *Este año hay buena cosecha de aceituna.*	crop, harvest	la récolte	die Ernte
la criatura	Niño recién nacido o de poco tiempo. También se llama así al feto (antes de nacer).	infant, baby	le bébé	die Kreatur
prever	Ver con anticipación. Conocer o conjeturar por algunas señales o indicios lo que va a suceder.	to foresee	prévoir	erwartet werden
estar en las últimas	Estar a punto de morir.	to be on one's death-bed	être à l'article de la mort	in den letzten Atemzügen sein
recobrado, -a	Recuperado; que se vuelve a tomar o adquirir lo que antes se tenía.	recovered	retrouvé, e	wiedergewonnen
la maleza	Hierbas malas que perjudican los sembrados.	weeds	les broussailles	das Unkraut
la pensión de viudedad	Cantidad periódica temporal o vitalicia que se asigna a la mujer o al marido cuando fallece su cónyuge.	widow's pension	la pension de veuve	die Hinterbliebenen-rente
el reúma (o reuma)	Grupo de enfermedades consistentes en dolores en las articulaciones o en los músculos, a veces con inflamación.	rheumatism	les rhumatismes	das Rheuma
el chucho	Perro (despectivo).	dog	le cabot	der Köter
tirarse el día entero	*Estar todo el día...*	to spend all day	passer toute la journée	den ganzen Tag brauchen

morboso, -a	Que tiene interés malsano por personas o cosas o inclinación a situaciones desagradables.	morbid, sick	malsain, e	morbid
entrado, -a en años y en carnes	Eufemismo que se usa para decir de manera más suave que alguien es viejo y está gordo.	elderly	sur le retour et bedonnant, e	im fortgeschrittenen Alter und Gewicht
a juego	Determinado número de cosas relacionadas entre sí (por el color, estilo, etc.): *Me he comprado un pantalón y una chaqueta a juego.*	matching	assorti, e	zu (etwas) passend
abultar	Hacer bulto o relieve una cosa, tener volumen.	to be bulky	encombrer	viel Platz einnehmen
la comitiva	Acompañamiento. Conjunto de personas que acompañan a algún personaje o que van en procesión civil solemne de un sitio a otro.	funeral procession, cortège	le cortège	die Begleitung
enterarse de algo	Darse cuenta de, notar.	to understand	se rendre compte de quelque chose	merken
antojársele	Tener una opinión, considerar como probable una cosa, pensar que puede suceder. *Esta situación se me antoja peligrosa (me parece peligrosa).*	to have the feeling that	sembler	erscheinen
caer rendido, -a	*Caer cansado, fatigado.* Expresión figurada para exagerar el gran cansancio que alguien padece.	to fall down exhausted	s'écrouler de fatigue	erschöpft sein
de un tirón	De una vez, de golpe.	immediately, in one go	d'un trait	plötzlich
la sombra	Imagen oscura que sobre una superficie cualquiera proyecta un cuerpo opaco, interceptando los rayos directos de luz.	shadow	l'ombre	der Schatten
gruñir	Mostrar disgusto o enfado con palabras dichas en voz baja o entre dientes, confusamente.	to grumble	grogner	brummen
traquetear	Mover o agitar una cosa de una parte a otra. Mover reiteradamente una cosa produciendo ruido.	to rattle, bang about	bringuebaler	klappern

Palabra o expresión	Explicación o ejemplo	Inglés	Francés	Alemán
asfaltar	Revestir de asfalto (sustancia de color negro, sacada del petróleo, que se usa mezclada con arena o gravilla) una calle, carretera, etc.	to asphalt	goudronner	teeren
en estado (estar en)	Estar embarazada.	pregnant	enceinte (être)	schwanger (sein)
la amargura	Aflicción o disgusto. Sentimiento de pena por un desengaño, una ilusión frustrada, una muestra de desagradecimiento o de falta de cariño, o una desgracia.	bitterness	l'amertume	die Verbitterung
el soportal	Espacio cubierto que precede a la entrada de algunas casas.	porch	le porche	das Vordach
la silla forrada	Se refiere a una cubierta que se pone a la silla y otros muebles para resguardarlos o revestirlos.	lined, covered chair	chaise tapissée	gepolsterter Stuhl
terciopelo granate	Tipo de tela de tacto muy suave y de color rojo que generalmente cubre las sillas de lugares oficiales o iglesias.	garnet-coloured velvet	velours grenat	weinroter Samt
la hogaza de pan	Pan grande. Pan con salvado hecho para los jornaleros del campo.	large loaf	la miche de pain	das Landbrot
hacer buenas migas	Expresión figurada que se utiliza para manifestar la buena relación que existe entre dos o más personas.	to get on well	faire bon ménage	gute Freundschaft schließen
el velatorio	Acto en que se pasa la noche al cuidado de un difunto.	funeral wake	la veillée funèbre	die Totenwache
augurar	Presagiar, presentir, predecir. Anunciar con palabras o señales algo que va a ocurrir.	to augur	augurer	vorhersagen
el consenso	Acuerdo, consentimiento.	consensus, agreement	le consensus	die Übereinstimmung
descorchar	Sacar el corcho que cierra una botella u otra vasija.	to uncork	déboucher	entkorken
sentarle algo como un tiro	Sentar muy mal, causar algo un efecto negativo en alguien.	to go down very badly with someone	porter un coup (fig.)	(etwas) (jemanden) wie im Schlag treffen

cabrero	Pastor de cabras.	goatherd	chevrier	der Ziegenhirt
mustio, -a	Melancólico, triste.	gloomy, depressed	morne	traurig
mencionar	Hacer recuerdo o memoria de una persona. Referir, recordar y contar una cosa para que se tenga noticia de ella.	to mention	mentionner	nennen
la huerta	Terreno de mayor extensión que el huerto destinado a cultivo de verduras, legumbres y árboles frutales.	orchard	la plaine maraîchère	der Obstgarten
brotes de repollo	Tipo de col con hojas firmes y comprimidas que está empezando a nacer.	cabbage sprouts	pousses de chou pommé	Kohlpflänzchen
el rencor	Sentimiento de hostilidad hacia una persona motivado por alguna ofensa, humillación o daño recibido de ella o por su causa. Resentimiento arraigado y tenaz.	bitterness, resentment	la rancune	der Groll

SEGUNDA PARTE

el balneario	Edificio con baños medicinales en el cual suele darse hospedaje. Aquí nombre de restaurante.	health spa	la station thermale	das Kurhaus
majete	Se aplica a una persona que gusta por su belleza, simpatía u otra cualidad. El sufijo -ete añade un matiz gracioso o despectivo.	nice	sympa	ganz nett
retirado,- a	Militar que deja oficialmente el servicio conservando algunos derechos. Por extensión, cualquier persona que ha dejado de ejercer su profesión.	retired officer	à la retraite	im Ruhestand
la medalla	Condecoración que se entrega a alguien como distinción honorífica o premio. Pieza de metal, comúnmente redonda, con alguna figura, inscripción o símbolo.	medal	la médaille	die Medaille

Palabra o expresión	Explicación o ejemplo	Inglés	Francés	Alemán
la aureola	Gloria que alcanza una persona por sus méritos o virtudes. Resplandor, disco o círculo luminoso que suele figurar detrás de las imágenes sagradas.	halo	l'auréole	die Aura
el ganadero	Propietario de ganado (conjunto de los animales de cierta especie de las que se crían para la explotación).	livestock farmer	l'éleveur	der Viehbesitzer
con pretensiones	Con aspiraciones ambiciosas y desmedidas.	with pretensions	prétentieux	anspruchsvoll
vivir del cuento	Vivir sin trabajar (generalmente a costa de los demás).	to sponge off someone else	vivre de l'air du temps	auf fremde Kosten leben
recatada, -o	Honesta, modesta. Se aplica particularmente a las mujeres.	modest	honnête	bescheiden
el atuendo	Ropa, atavío, conjunto de vestidos y adornos que se llevan puestos.	attire	la tenue	die Kleidung
anhelado, -a	Deseado con vehemencia.	yearned, desired	attendu, avec ferveur	herbeigesehnt
dárselas de algo	Presumir de algo.	to fancy oneself as	se donner des airs de	sich ausgeben als
emergente	Que nace o brota; que adquiere importancia.	emerging	émergent	entstehend
incipiente	Que empieza a nacer.	incipient	naissant	keimend
veleidad	Cualidad de la persona que cambia con facilidad de ideas, afectos, gustos, etcétera. Inconstancia. Ligereza. Versatilidad.	fickleness	velléité	die Wechselhaftigkeit
ir viento en popa	Ir bien, con buena suerte, con dicha y prosperidad.	to go splendidly	avoir le vent en poupe	wie eine Eins laufen
rancio abolengo	Se aplica a las costumbres acomodadas, a los antiguos usos de las familias nobles y a las personas que los conservan.	time-honoured ancestry	de vieille souche	altertümliche Sitten

Español	Definición	English	Français	Deutsch
la crianza	Acción y efecto de criar, es decir, alimentar, cuidar y cebar animales.	breeding	l'élevage	die Zucht
el umbral	Parte inferior o escalón en la puerta o entrada de una casa.	threshold	le seuil	die Schwelle
el bastón	Vara con puño y contera que sirve para apoyarse al andar.	walking stick	la canne	der Stock
soltar algo	Decir con violencia o franqueza algo contenido o que debía callarse.	to come out with (a comment)	lâcher quelque chose	etwas loslassen
el mulero	Encargado de cuidar las mulas.	muleteer	muletier	der Eselshirt
pasmado, -a	Atontado, absorto, distraído, alelado.	bewildered	pantois	zerstreut
melifluo, -a	Dulce, suave, delicado en el trato o en la manera de hablar.	mellifluous	melliflu, e	sanft
el mejillón	Molusco con conchas de color negro azulado.	mussel	moule	die Miesmuschel
desaprensivo, -a	Que actúa sin atenerse a las reglas o sin miramiento hacia los demás.	unscrupulous	sans-gêne	der Asoziale
desparramar	Derramar un fluido por muchas partes.	to spill	renverser	verschütten
brindar	Ofrecer una oportunidad o provecho.	to offer	conférer	bieten
descascarillado, -a	Con la superficie levantada o caída.	miscentered, poorly aligned	écaillé, e	abgenutzt
la puntería	Destreza, habilidad del tirador para dar en el blanco.	aim	adresse	die Treffsicherheit
emparentar	Contraer parentesco por casamiento.	to marry into a family	apparenter	anheiraten
el retoño	Familiarmente hijo, especialmente de corta edad.	child, young son	le rejeton	der Nachwuchs
la cacería	Partida de caza. Reunión de hombres y animales domésticos (perros, caballos) para cazar.	hunt	la partie de chasse	die Treibjagd

Palabra o expresión	Explicación o ejemplo	Inglés	Francés	Alemán
el jabalí	Mamífero variedad del cerdo salvaje.	boar	le sanglier	das Wildschwein
el refugio	Edificio situado en determinados lugares de las montañas para acoger a los viajeros o excursionistas.	refuge, shelter	le refuge	der Zufluchtsort
salir airoso de algo	Expresión que se utiliza cuando se lleva a cabo una empresa con honor, felicidad o lucimiento.	to come out with flying colours	bien s'en tirer	erhobenen Hauptes aus etwas kommen
la suspensión de pagos	En el mundo comercial es la situación en que se coloca ante un juez el comerciante que no puede temporalmente atender el pago puntual de sus obligaciones.	suspension of payments	la suspension de paiements	die Zahlungseinstellung
movilizarse	Poner en movimiento o actividad las tropas. Por extensión, en el mundo laboral indica el movimiento de los trabajadores para protestar por su situación laboral.	to mobilise	se mobiliser	mobilisieren
tomar la fábrica	Ocupar por asalto una fortaleza, ciudad, o, por extensión, un lugar; en este caso se ocupa la fábrica como forma de protesta.	to take the factory	prendre l'usine	die Fabrik besetzen
no estar el horno para bollos	Expresión coloquial. No ser oportuno o conveniente realizar una acción en un momento determinado.	this is the wrong moment	être inopportun	die Gelegenheit nicht günstig sein
veterinaria	Ciencia y arte de prever y curar las enfermedades de los animales.	veterinary science	vétérinaire	Veterinärmedizin
abogado laboralista	Especialista en Derecho laboral o del trabajo.	labour lawyer	avocat spécialisé en droit du travail	der Anwalt für Arbeitsrecht
dejar plantado a alguien	Dejar abandonado, no acudir a una cita.	to walk out on someone	poser un lapin à quelqu'un	jemanden verlassen
la bofetada	Golpe que se da en el carrillo con la mano abierta.	slap in the face	la claque	die Ohrfeige
palidecer	Ponerse pálido.	to turn pale	pâlir	bleich werden

espetar	Decir a uno de palabra o por escrito alguna cosa, causándole sorpresa o molestia.	to spring something on someone	apostropher	erwidern
anonadado, -a	Sorprendido, desconcertado.	discouraged	ahuri, e	sprachlos
dar por zanjado algo	Dar por terminado, considerar acabado.	to consider a matter resolved	trancher une question	als beendet ansehen
determinado, -a	Decidido.	determined	déterminé, e	entschlossen
hacer mella	Ejercer influencia, causar efecto.	to make an impression on	faire de l'effet	Wirkung zeigen
la bronca	Acto de reprender a alguien con dureza.	ticking-off	la réprimande	der Rüffel
presumido, -a	Vano, orgulloso, que tiene alto concepto de sí mismo.	conceited	vantard, e	eingebildet
ejercer	Realizar sobre alguien o algo una acción, influjo, etc. Practicar los actos propios de un oficio, facultad, etc.	to exercise, work, practise	exercer	Beruf ausüben
el despido improcedente	Privar a un empleado de su puesto de trabajo injustificadamente.	unfair dismissal	le licenciement abusif	die ungerechtfertigte Kündigung
la quiebra	Acción y efecto de arruinarse una empresa o negocio.	bankruptcy	la faillite	der Konkurs
la idiosincrasia	Rasgos, temperamento, carácter, etc., distintivos y propios de un individuo o de una colectividad.	idiosincrasy	l'idiosyncrasie	die Eigentümlichkeit
anglosajón, -a	Individuos y pueblos de procedencia y lengua inglesas.	Anglo-Saxon	anglo-saxon,onne	angelsächsisch
el conservante	Sustancia que se añade a ciertos alimentos para conservarlos sin alterar sus cualidades.	preservative	le conservateur	das Konservierungsmittel
virtual	Se aplica a un nombre para expresar que la cosa designada por él tiene en sí la posibilidad de ser lo que ese nombre significa, pero no lo es realmente.	virtual	virtuel	virtuell
petrolero	Perteneciente o relativo al petróleo.	oil producing	le pétrolier	das Erdölland

Palabra o expresión	Explicación o ejemplo	Inglés	Francés	Alemán
TERCERA PARTE				
sobresaltarse	Asustarse, alterarse repentinamente.	to be startled	sursauter	sich erschrecken
cavar	Levantar y remover la tierra con la azada o instrumento semejante, casi siempre para hacer un agujero.	to dig	creuser	graben
el peón	Obrero que trabaja en trabajos no especializados, o que hace de ayudante en algunos oficios; particularmente, en la albañilería o en las faenas del campo.	navvy	manœuvre	der Hilfsarbeiter
desengañarse	Quitar esperanzas e ilusiones. Hacer reconocer el engaño o error.	to wake up	se détromper	sich nicht mehr selbst täuschen
con cautela	Con precaución y reserva, con cuidado.	with caution	avec précaution	vorsichtig
la nariz aguileña	Nariz delgada y algo corva, como el pico del águila.	hawk-nosed	nez aquilin	die Hakennase
la huella dactilar	Impresión o señal que dejan los dedos sobre cualquier superficie.	fingerprint	l'empreinte digitale	der Fingerabdruck
correrse	Extenderse fuera de su lugar la tinta, los colores, etc.	to run	couler	verlaufen
el lenguaje cifrado	Lenguaje escrito con signos (números, letras, etc.) que sólo pueden comprenderse conociendo la clave.	code	langage codé	die Geheimschrift
aguantar	Soportar, tolerar a una persona, situación o cosa molesta o desagradable.	to endure	supporter	ertragen
darse un respiro	Tener un alivio o descanso en medio de una fatiga, pena o dolor.	to give oneself a break	faire une pause	Luft holen
el hocico	Parte más o menos prolongada de la cabeza de algunos animales donde están la boca y las narices.	snout	museau	die Schnauze

andar apurado	Estar apresurado, con prisas.	to be in a hurry	être pressé	unter Zeitdruck stehen
impartir	Dar, comunicar, repartir.	to give, teach	donner (des cours)	geben
la plantilla	Conjunto ordenado por categorías de los empleados y dependencias de una oficina, servicios públicos o privados.	staff	effectifs	die Belegschaft
compensación	Indemnización económica o en especie con la que se repara el daño causado.	compensation	indemnisation	die Ausgleichszahlung
la cuota	Cantidad de dinero o parte que corresponde pagar a cada uno en un gasto colectivo o la que se paga por un tributo, como socio de una entidad, etc.	taxes	cotisation	der Beitrag
el sueldo base	Retribución que se paga, generalmente cada mes, por un trabajo regular, sin contar suplementos por antigüedad, destino, etc.	basic salary	salaire de base	der Grundlohn
antelación	Anticipación, anterioridad.	early, in advance	avance	im Voraus
calcular a ojo	Hacer cuentas aproximadas, sin datos exactos.	to work out in one's head	calculer à vue de nez	überschlagen
franco, -a	Sincero, leal.	sincere, frank	franc, franche	ehrlich
reconocer a alguien	Distinguir a una persona por sus rasgos propios (voz, movimiento, fisonomía, etc.).	to recognise someone	reconnaître quelqu'un	jemanden wiedererkennen
servir (militarmente)	Ser soldado en activo.	to serve	faire le service militaire	den Militärdienst ableisten
un sinfín	Una gran cantidad, una infinidad.	no end of, a huge number of	une infinité	eine unendliche Zahl
la tortura	Grave dolor físico o psicológico infligido a una persona, con métodos y utensilios diversos, con el fin de conseguir confesión o como medio de castigo.	torture	la torture	die Tortur

Palabra o expresión	Explicación o ejemplo	Inglés	Francés	Alemán
delatar	Revelar a la autoridad un delito designando el autor. Se percibe como traición.	to betray	dénoncer	anzeigen
pillar	Coger, atrapar, aprehender a una persona o cosa.	to catch	attraper	erwischen
estar fichado, -a	Tener abierta una ficha policial, médica, etc. En el lenguaje coloquial, referido a una persona, significa desconfiar de ella.	to be on record, to be taped	être fiché, e	vorbestraft sein
burlar	Engañar a quien persigue. Esquivar a quien va a impedir el paso o intenta detenerlo.	to deceive	déjouer	in die Irre führen
fingir	Simular, aparentar. Dar a entender lo que no es cierto.	to pretend	feindre	vortäuschen
acumular	Juntar y amontonar.	to accumulate	accumuler	anhäufen
esparcir	Extender lo que está junto o amontonado.	to spread out or scatter	éparpiller	verstreuen
empedernido, -a	Obstinado, tenaz, que tiene un vicio o costumbre (fumador, hablador, bebedor, etc.).	addicted, compulsive	invétéré	hoffnungslos
merecer la pena	Valer.	to be worth (doing)	en valoir la peine	die Sache wert sein
la intransigencia	Condición del que no cede o se muestra intolerante con las opiniones de los otros.	uncompromising attitude	l'intransigeance	die Unnachgiebigkeit
la cumbre	Cima, pico, parte más alta de una montaña.	summit, peak	le sommet	der Gipfel
emprender (un viaje, una aventura)	Comenzar, tomar el camino con la intención de llegar al final.	to embark upon	entreprendre (un voyage, une aventure)	beginnen
cegado, -a	Con la razón turbada, incapaz de ver lo evidente.	blinded	aveuglé, e	blind